BAUをめぐる冒険

著　坂口恭平

写真　石塚元太良

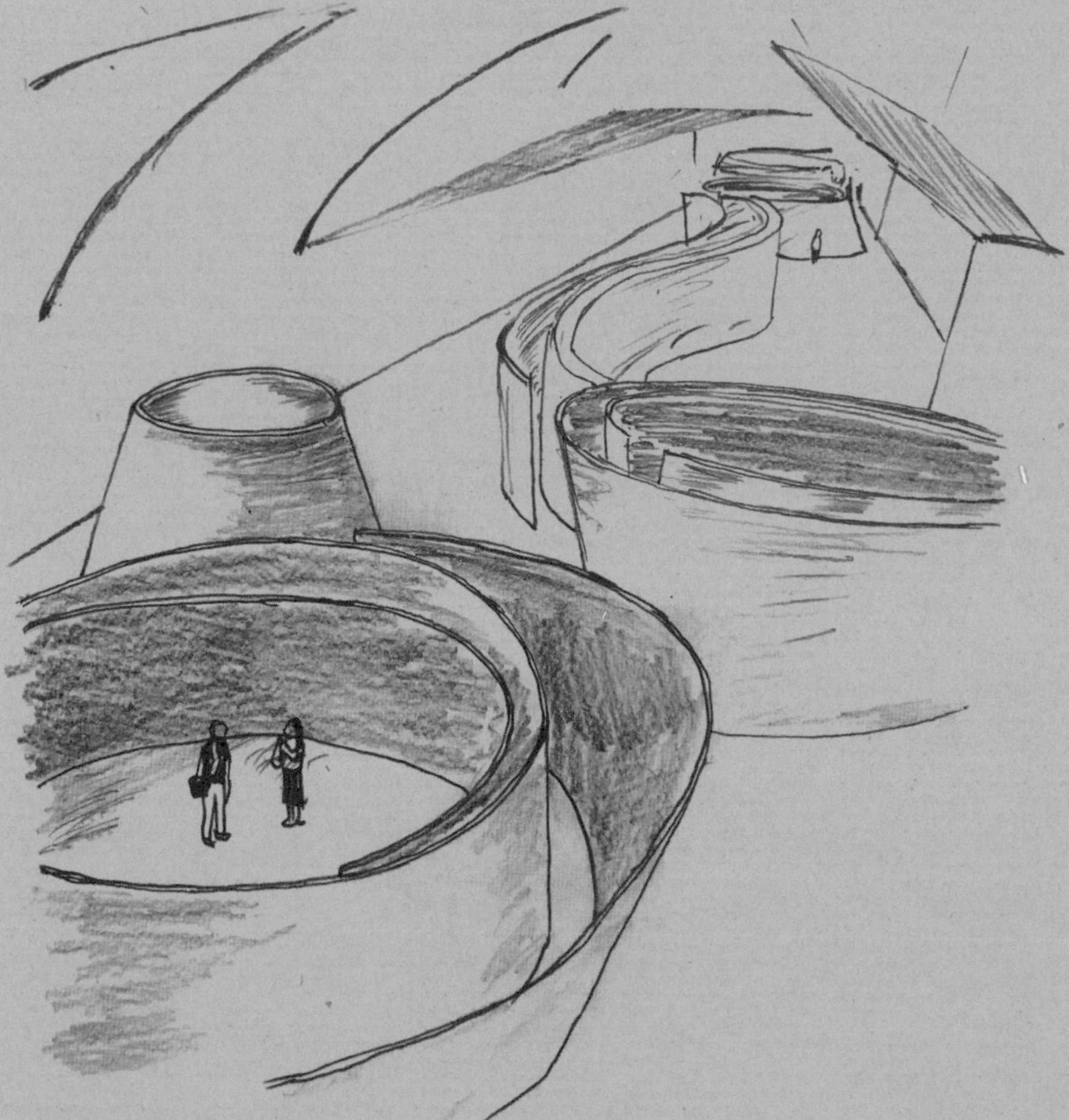

左右社

BAUをめぐる冒険

著　坂口恭平
写真　石塚元太良

はじめに

はじめまして、僕は坂口恭平と申します。自分が何をしている人間なのか、いつもうまく説明できません。普段は、本を書き、絵を描き、歌を歌っています。しかし、それだけでなくて、死にたい人からの電話を受ける『いのっちの電話』という無料のサービスを13年前から毎日やってます。さらには、陶芸をやったり、ガラスを吹いたり、セーターも編みますし、最近は廃材を綺麗に磨いて椅子をつくったりもしています。そうやって自分がやっていることを書けば書くほど、何をやっている人なのかますますわからなくなってしまいます。

しかし、幼少の頃からずっと変わらず一つのことをしているつもりなのです。

僕は小学生のときに建築家になりたいという夢を抱きました。

当時、よく子供部屋に家をつくっていたのです。家と言っても、自分の学習机と椅子を柱にして、図工の授業で使っていた大きな画板を載せて屋根にして、そこに毛布を被せただけの簡単なものです。それでも僕にとっては生まれて初めて建てた家だと感じていました。自宅の中につくった小さな家から子供部屋を眺めると、普段とはまるで違う感覚を味わえました。自分のために自分の手でつくった空間は、こんなにも安心し、創造的になるんだと興奮していました。そんな僕の姿を見た父から、建築家という職業があることを教えてもらいました。そのとき、いつか建築家になりたい、ではなく、僕がやっていることは建築家の仕事なんだ、と感じた記憶があります。

その後、建築家になるために大学では建築学科を専攻するのですが、先生から教わることはどれも「他人の家を設計する建築家という職業」についての勉強ばかりでした。僕は、「自分のための空間を自分でつくること」をどんどん実践したかったのです。そんなわけで、大学からは遠ざかり、一応卒業はしましたが、20代のときに夢中になっていたのは川沿いに建つ路上生活者たちの家でした。ほとんどすべての人が商品となった家を購入するか賃貸するかしないと自分の空間を手に入れることができない中、路上生活者たちだけが唯一、自分の家を自分の手で都市に捨てられている材料でつくっていたからです。

そんなわけで、通常の建築家への道からは完全に外れてしまったのですが、それでも自分の空間を自分の手でつくる、という幼少のときに確信を感じた「自分の仕事」をこれまで突き進めてきたように感じます。自分が読む本を自分で書き、家に飾る絵を自分で描き、悲しさや喜びを感じ体が震えるとそれが歌となっていきました。今では自分が着るセーターも革靴もガラスのコップも茶碗も自分でつくっています。いのっちの電話も、建築物の本来の役目である「避難所」を自分なりに自作した結果です。

本書のタイトルの「ＢＡＵ」とはもちろんドイツで生まれた世界初のモダンデザインの学校「ＢＡＵＨＡＵＳ（バウハウス）」から借りたのですが、ＢＡＵのドイツ語の意味は辞書によると「家、建築、構造、動物の巣穴、ねぐら」とあります。僕はそれこそ自分なりのBAU＝巣穴、ねぐらを表そうとしていると考えるとしっくりきます。小学生の頃、僕がつくったのは自分のためのBAU（巣穴）だったのですね。

家を建てるだけでなく、そこで暮らす人が使う物、生活に喜びを与える芸術、それこそ死にたいということを口にできる安心まで自作するような建築家。

僕はそんな建築家として生きているつもりです。

前置きが長くなりましたが、この本はそんな僕が世界各国を旅して直接見て回った建築探訪記です。

ANAの機内誌『翼の王国』で2009年から2020年まで不定期連載していたものがベースになっています。行った場所はドイツ、インド、スペイン、オーストリア、アメリカ、ポルトガル、フランスと、当然ANAが就航している路線しか使えなかったので、いくつかボツになってしまった候補地もありました。それでも、建築家を志していた高校生の頃に写真集や建築雑誌などで知り、実際この目で見て触れてみたいと思った建築物はすべて訪ねることができました。

機内誌の連載は当時それなりにギャラが良く、食べていくのに必死だった15年前の僕にとってかなり助けになりました。大学卒業以降、建築士の免許など取れるわけもなく、建築の世界から遠ざかり一人で道なき道を心細く進んでいる中、ル・コルビュジエやフランク・ロイド・ライトなどの名作を直接見る機会を持てたことはその後の僕の仕事全体に大きな影響を与えました。『翼の王国』の担当編集の渡邊卓郎くん、写真家の石塚元太良くん（インド編はＧＯＴＯＡＫＩさん）と毎度３人での珍道中だったのですが、彼らのおかげでいつも笑いが絶えない旅だったからこそ連載を続けることができたので感謝しています。

建築を訪ねる旅は、観光地を歩くのと違って、ドアノブや雨樋など細部と出会う旅です。触れた感触は決して忘れることなく、体の中に染み込んで、日々の僕たちの生活の細部の創造力となって湧水のように流れていきます。僕だけでなく、どんな人の心の中にも、自分のためのＢＡＵ（巣穴）が実在しているはずです。それがどんな形をしていて、どんな居心地で、光はどこから入ってきているのか。そんなことを少しだけ思い浮かべながら読んでみてください。

それではさっそく旅をはじめることにしましょう。

２０２４年10月２日　坂口恭平

目次

BAUをめぐる冒険
旅の地図

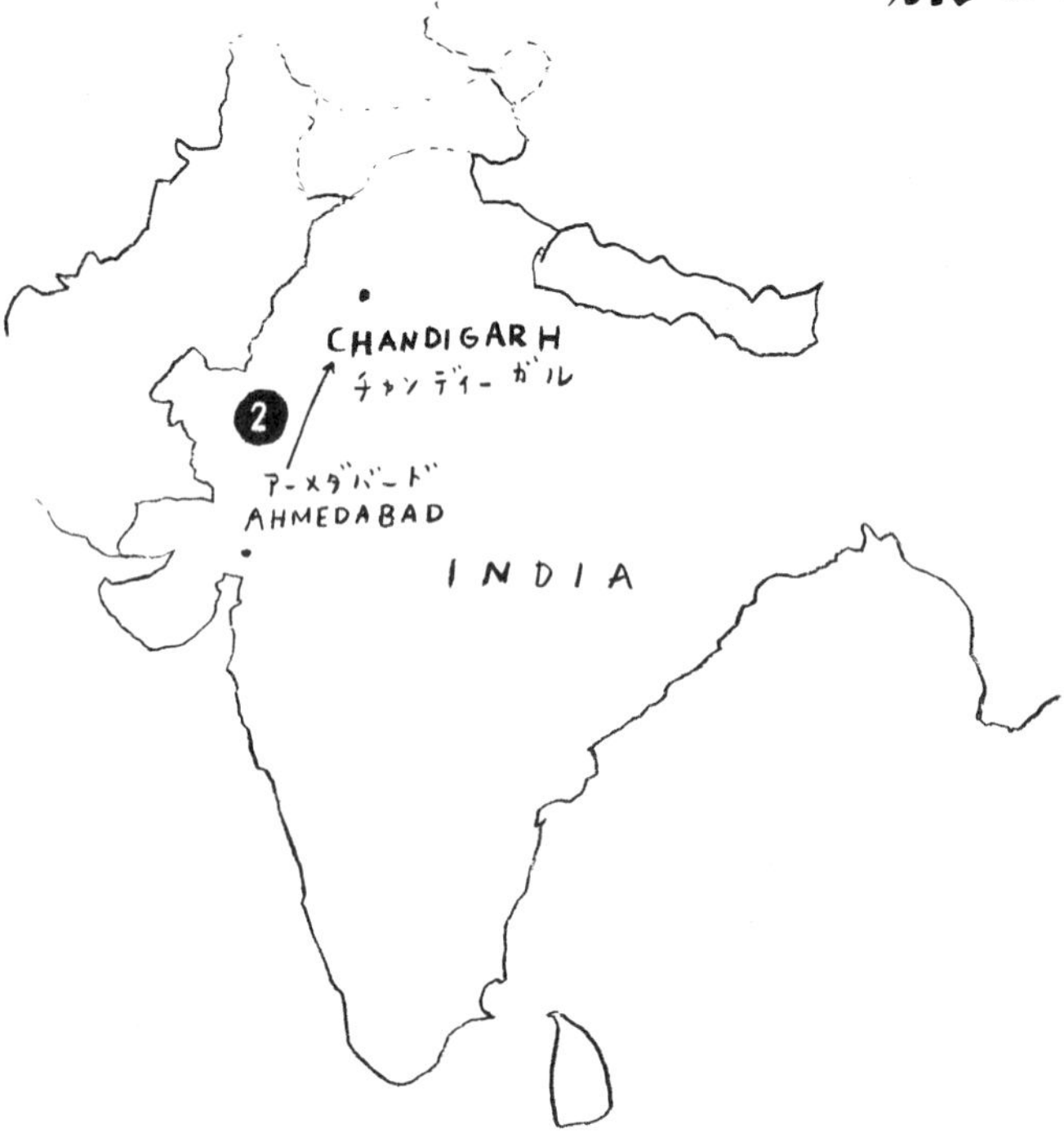

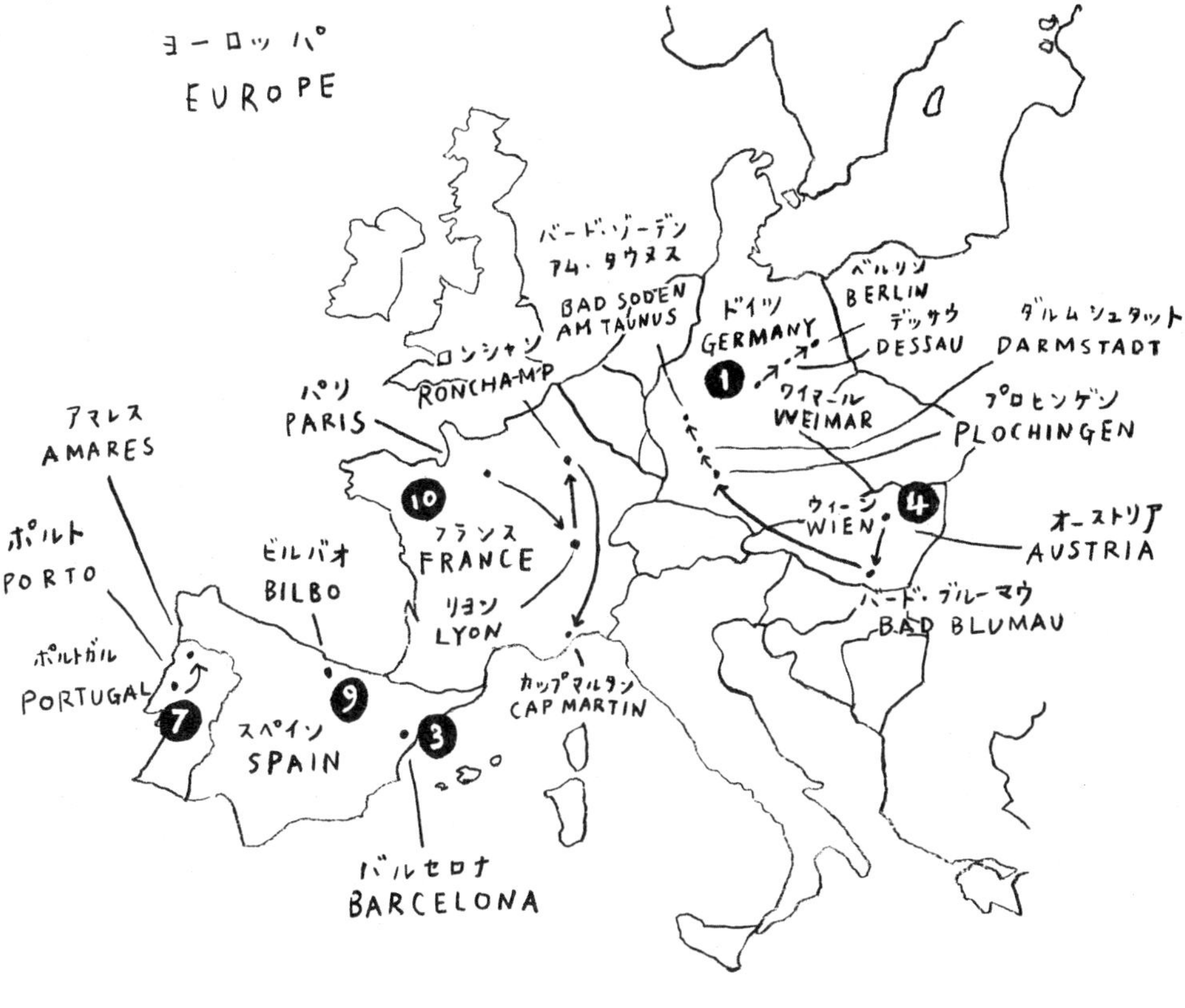

1 バウハウスという生命体

2 インドと融合するコルビュジエ

3 バルセロナ・モデルニスモという土壌

4 都市の治療としての建築

5 死ぬまでライトは格闘を続ける

6 ロサンゼルスで「家」について考えた

7 ポルトの街、二人の建築家、石の家

8 「まがいもの」の建築家

9 建築で蘇生した街、ビルバオ

10 コルビュジエの建築を求めて、フランス縦断の旅

バウハウスという生命体

アンリ・ヴァン・デ・ヴェルデ
ヴァルター・グロピウス
ミース・ファン・デル・ローエ

アンリ・ヴァン・デ・ヴェルデの設計による最初のバウハウス校舎。現在はバウハウス大学の校舎として使われている。

冒険のはじまり

人口約６万４０００人の小さな街ワイマール。ワイマールは18世紀終わりから19世紀初めにかけての古典主義の都として、さらにバウハウス関連遺産群という二つの世界遺産に登録されている文化都市である。

ホテルに荷物を預け、さっそく中心地であるマルクト広場へ歩いていくと、街の象徴である文豪ゲーテとシラーの銅像の真向かいにピンク色をした平屋建ての『バウハウス博物館』が見えてくる。これがあの世界を席巻し、近代文明の基礎の一つとなったバウハウスなのかと、一瞬拍子抜けしてしまいそうな素朴な建物だ。バウハウス・デザインの代名詞である機能美や幾何学的なデザインは全く姿を現していない。出発前につくり上げていたイメージに、旅はいつも違う道の在処を教えてくれる。既成概念を取っ払って旅をしようと思い直し、僕は博物館の中に足を踏み入れることにした。

大広間に展示されている美術品は、先端的な意匠を凝らしたというよりも、手の触感が残っている実験作品であった。子ども用の玩具、人形劇のためのパペットなども並んでいる。家具なども金属製ではなく、木と布を駆使した温かみのあるデザイン。その後に繋がる片鱗は感じられるが、それを手作業

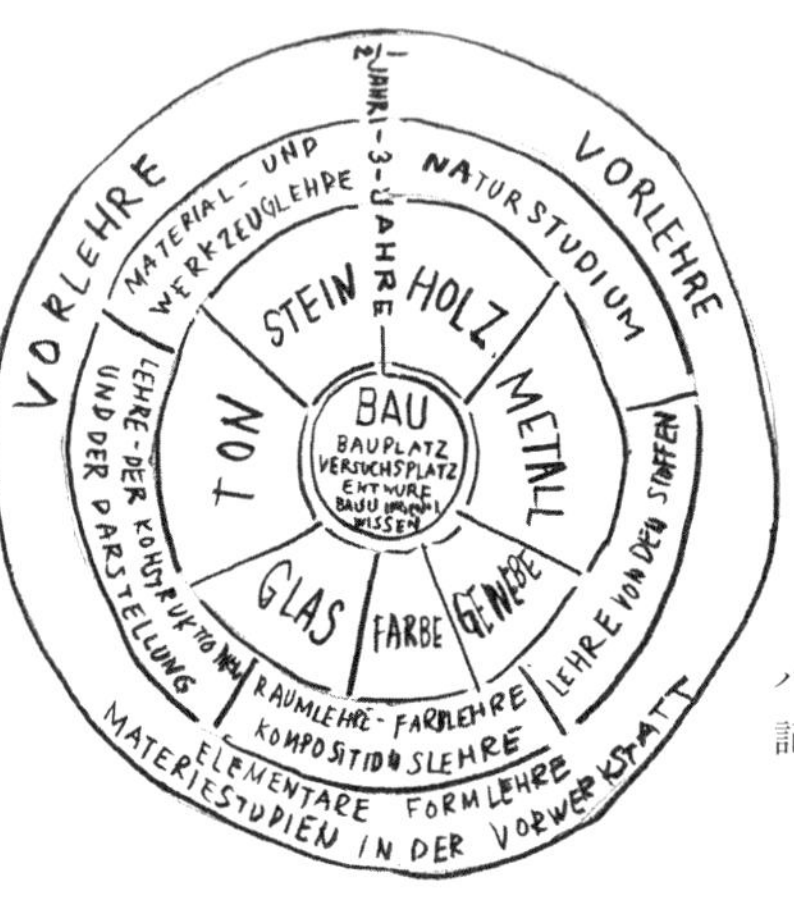

バウハウスのカリキュラムを記した図。

で探し求めようとしているように見える。ここには未来の芸術に向けて、教師と生徒が一緒になって上下関係もなく必死にものづくりを行っていた気配が、今も生気を保ったまま詰め込まれていた。バウハウスはここからはじまったのである。

夢と確信

１９０２年、ワイマールの大公に呼ばれたベルギー人建築家アンリ・ヴァン・デ・ヴェルデ（１８６３－１９５７）は工芸技術を浸透させるように依頼され工芸ゼミナールを創設する。これがバウハウスの前身だ。このとき、ヴェルデが設計した建築が、後にバウハウスにとっての初めての校舎となり、それが今も残っている。一部の壁を全面窓にするなど当時としては大胆な設計が施されたため、建物の前を歩くのを避ける人が出たほど。それほどまでに保守的な都市でバウハウスの教育は行われたのだ。

１９１９年、ドイツ人建築家ヴァルター・グロピウス（１８８３－１９６９）がヴェルデに代わって校長となり「バウハウス」と名づける。国立の芸術総合学校として創設された。バウ（ＢＡＵ）は「建築」、ハウス（ＨＡＵＳ）は文字どおり「家」を指す。だが、彼が目指した「バウ」とは単なる建物のことだけではなかった。それは教師陣を見れば一目瞭然である。抽象絵画の世界を切り開いたワシリー・カンディンスキーやパウル・クレーなどの画家、色彩についての理論家であり、教育者でもあったヨハネス・イッテン、実験的な写真で新しい視覚を提示したラスロ・モホリ＝ナギなど、あらゆる分野で革新的な活動をしていた芸術家たちが集結した。とはいっても、後に歴史に名を残すことになる彼らもまだこの時点ではほとんどが無名の芸術家であった。生徒もほとんど集まっていない中、手探り状態ではじまっていったという。

元・バウハウス校舎（現・バウハウス大学校舎）に入ると、教師であった芸術家オスカー・シュレンマーによる壁画が目に飛び込んでくる。緑が豊かで静かな街であるワイマールで、ひっそりと実験的な芸術教育を行っていた彼らの夢がまだ息づいている。最上階にある校長室は、グロピウスが使っていた当時の部屋の様子が再現されていた。空中浮遊しているような照明、今見ても斬新な印象を与える家具。周辺の人々に理解されぬままはじまったにもかかわらず、これらのデザインからはバウハウスという芸術教育が持つ可能性への確信が感じられる。

すべてが試行錯誤ではあったが、いつか世界中へ届く、という確信。ワイマールで、黎明期のバウハウスが持っていた泥臭く、かつ内に秘めた芸術の原液のようなものを味わうことになるとは全く予想だにしなかった。この街には結晶化する前の、混沌としたエネルギーが渦巻いているように、僕の目には見えた。

校舎を出て、石畳の街並みを散策しながら「ゲーテの散歩道」と呼ばれるイルム公園へ。鬱蒼と生い茂った植物たちを眺めながら森の中の道を歩いていくと、蔦の絡まった城壁や塔が見えてくる。その中の一つ、テンプル騎士団館という廃墟で足を止めた。野ざらしとなっているこの建物は、イッテンのアトリエだった。しかも、ゲーテが設計したという。ワイマールは昔

上／オスカー・シュレンマーによる階段室の壁画。当時の自由な校風がうかがえる開放的な図案。

下／後のバウハウスに繋がる全面にガラスを使った最上階のデザイン。現在はバウハウス大学の建築学科のアトリエとして利用されている。

ながらの伝統的な風景が続いているように見えるが、バウハウスもしかり、このように何げない公園にも知的な仕掛けが施されている。一筋縄ではいかないバウハウスへの思索が一層深まっていく。

これからはじまるバウハウスをめぐる旅は、14年という短い間に建てられた建築を見るたびに七変化していくのだろう。そんな予感を胸に抱き、ビッグバンが起きたワイマールの地で僕は軽快に石畳の道を歩いた。夜になると、歴史の街はより一層文化の薫りで包まれる。僕たちはワイマール名物が食べられる温かい雰囲気の店内に入り、牛肉ロールの煮込みを味わいながらビールを飲む。こうしてＢＡＵをめぐる冒険は幕を開けたのである。

丘の上の実験住宅

翌日、丘の上へ車で向かう。ここにはワイマール時代のバウハウスが実際に建てた唯一の実験的な建築物『アムホルンの家』がある。到着した後、バウハウス大学でバウハウスの研究を行っているミハエル・シーベンブロットさんに案内してもらった。

１９２３年、バウハウス学内の成果を発表する展覧会がワイマールで開催されることになり、アムホルンの家はその展示に合わせて建設された。バウハウスはじまって以来初となる建築の実作に、教師陣は新しい住まいの在り方を示すべく力を注ぐ。建築家ではなく、画家であったゲオルク・ムッヘが設計を担当し、内装はバウハウスのそれぞれの工房が受け持った。

家を造る「バウ」という行為の中で、チーム構成の実験を行う。何一つあらかじめ決められたものはなく、全くのゼロから、教師も学生も分け隔てなく、アイデアを出し合い、最大限取り入れようとした。グロピウスが提案したバウハウスの革命性が、初めて形になった作品でもある。

そうして出来上がった家は、真四角の豆腐のような建物。大量生産できるように、安価で手に入りやすい材料で、規格化されたものを使用し、また装飾的なものを一切排除し機能性に特化させた。

ただ効率よくさせるという目的だけではない。正面玄関が主流だったものを真横から室内に入るようにすることでより立体感を出したり、家を丘のように盛り上がった土地に建てることで、まるで日本の借景のように窓からずっと奥の森の風景が入り込むようになっていたりする。ドアノブ一つにまで、バウハウスの哲学が染み込んでおり、人々がより大きな空間を体感できるように細かく設計されている。抽象絵画ならぬ、抽象建築なのだ。

しかし、またしても多くのワイマール市民にとってこの建築は刺激的すぎたという。全く受け入れられず、何戸も複製可能なように設計していたのだが、その後ワイマールにバウハウス設計の建築が建つことはなかった。

国立の学校であったはずだが、あまり資金の援助もなかったバウハウス。アムホルンの家が建っている土地は、組合をつくって国から購入したもので、土地代金支払いのために農園事業も行っていたという。本当に何もないところからはじまっているからこそ、バウハウスには様式がない。教育といっても、教師が生徒に教えるというようなものではなく、みなで協力して探し当てなくてはならなかった。まさに「発見する学校」、それがバウハウスなのだ。

大量生産、機能性を追求したデザインの基礎になったと思い込んでいたバウハウスは、現地で全く違う顔を見せている。かつ、もう終わった歴史上の出来事だと思っていたのに、今でも息遣いを感じる。

僕はこれが歴史的遺構を見るための旅ではないことを確信した。

バウハウスの目指す射程は現代よりももっとずっと先へと延びている。苦悶しながらも、決して創造的な精神を忘れないバウハウスは

まるで生命体のようだ。だからこそ、現代の僕たちがその行動の軌跡を眺めても、生き生きと感じられる。

ワイマールではそんな「青年バウハウス」と出会うことができる。

展覧会は賛否両論あったものの、多くの人が訪れ成功したのだが、その後、バウハウスは政治に翻弄され、周囲の無理解も追い打ちをかけていく。1924年、5年間続いたワイマールでのバウハウスはついに解散することになる。しかし、その実験精神は評判となり、ドイツ国内のさまざまな街から誘致の話が舞い込んできた。最終的にデッサウが受け入れることを決め、1925年、デッサウ市立のバウハウスがはじまる。そしてここからバウハウスは快進撃を行うことになるのである……。

無の状態から暗闇を歩くように学びの空間をつくり出したバウハウスには、未来にある灯台の灯りが見えていたのだろう。どんな絶望的な状態であっても思考と実践を止めない彼らの希望を受け取り、力が湧いてきた僕は電車に飛び乗り、次なる新天地デッサウへと向かった。

アムホルンの家の外観。素っ気ない外見であるが、中に入ると植物、空、鳥の鳴き声など周囲の環境が室内の一部として組み込まれていることに気づく。建築による3D体験が楽しめる。

なぜデッサウへ？

ワイマールから電車で2時間ほどのデッサウに到着した僕は、駅を出て肩透かしを喰らった。古典主義の文化が薫るワイマールとは打って変わって、デッサウは旧・東ドイツ時代の雰囲気が残った工業都市であった。小さく素っ気ない駅舎に、特徴のない町並み。どのような気持ちでグロピウスをはじめとした面々が新天地であるデッサウへやってきたのかと想像してみるが、バウハウスとこの地を結びつけることは難しい。ワイマールを追い出されるように去った青年バウハウスは、ここデッサウに招かれてどう変化していったのか。それを知るためには、まずは建築を生で体験すべし。ホテルのチェックインを早々と済ませた僕は、バウハウス・デッサウ校舎へと急いだ。

見晴らしのよい通りを進むと、広い敷地にゆったりと落ち着いて座っているような姿のガラス張りの建物が見えてくる。ここがバウハウスのトレードマークにもなっている、グロピウス設計のバウハウス・デッサウ校舎だ。

保守的なワイマールでの姿が嘘のようにガラスで全面を覆った開放的な壁。バウハウスがここデッサウで快く受け入れられ、自由な設計を行うことができたことが伝わってくる。１９２6年に建てられたとは思えない斬新なデザインは、この小さな町から世界中へ広まり、その後のモダニズムデザインの基盤となっていく。

一体、デッサウとはどういう町だったのか。校内にあるカフェテリアで担当のテーナーさんに、デッサウでのバウハウスの歴史を聞いた。

当時、デッサウは音楽や演劇などが栄えた文化都市だったそうだ。戦争で町の約85％が破壊されてしまったために当時の面影はほとんど見られないが、ベルリン、ライプツィヒという二つの芸術が盛んな都市からも近く、新しい芸術運動を進めていこうとする青年バウハウスが育つには絶好の場所であった。またデッサウ最大の企業であった飛行機や機械を製作するユンカース社も設備面などを援助することに。

工業化が進むデッサウで増えていく労働者たちの住宅が必要であることも追い風となった。グロピウスの個人事務所は１９２６年から28年にかけて約３０００戸の住宅を設計することになる。

受け入れる文化的土壌も設計の需要も資金も高度な工業技術もあったのだ。なぜデッサウでバウハウスが成長できたのか疑問に思っていた僕は、戦争で消えてしまった歴史や漂っていたはずの町の薫りがこの校舎に染み込んでいるのだと知る。

熱心に受け入れを呼びかけた当時のデッサウ市長の協力のもと、国立学校だったバウハウスはデッサウの市立学校として生まれ変わり、ワイマールでの実験で培った思考を建築に結実していく。青年が一人前の大人になる過程と結果をここデッサウでは体感することができるのだ。

バウハウス・デッサウ校舎の基本設計は、当時校長であったグロピウスによる。周辺を少し歩いただけで同じ建物かと驚くほどに景色が一変する。シンプルでありながら複雑なこの建築はまるで人体のように見える。

向かいの部屋が、ガラス窓越しに見え、さらに奥にも人影が動いているのを確認できる。当時は今では想像できないほど斬新だったのだろう。

100年近く前の学校建築とは思えない現代的な階段室。大きな窓からは常に光が射し込み、行き交う学生たちの創造力を喚起していたのではないか。

光の迷宮に迷い込む

さて、校舎の中へと足を踏み入れてみよう。バウハウスの理念が結晶化された建築であると評されることが多いデッサウ校舎は、実際に目で見て、歩きながら空間を体感していくと違った印象を受ける。ワイマールでの体験でわかったように、そもそもバウハウスには固まった主義主張は存在しない。もっと揺れ動くものであり、永遠に運動を続けていく人間そのもののような有機体だ。校舎自体も多面的な空間で、一歩進むごとに、全く別の顔を見せる。デッサウ校舎は過ぎ去った運動を示すモニュメントなのではなく、ひとたび歩けば、現在でも未来の風景に遭遇することができる。そんな楽しい迷宮に、光を浴びながら迷い込んでいく。

壁を積み上げて窓の空間をあける従来の建築様式ではなく、柱と床だけで支えることで、全面光を取り入れる装置として壁を機能させることができる。同時に、人間が動いている姿を外に向けて発信しているようにも感じられた。

建築の主役はやはりそこで活動する人間なのだ。人々が楽しみながら利用している姿が印象的だった。ラホールから建築を学びに留学している青年と出会い、話をした。卒業後は、若い建築家たちが新しい都市を造ろうと必死になっているパキスタンで活躍したいのだという。このようにバウハウスは今も創造のエンジンとして稼働している。

設計はグロピウスだが、内部のデザインはバウハウスの各工房によるものだ。アムホルンの家で実験した集団設計の集大成になっている。

ヒンネルク・シェパーが色彩設計した壁は光と混じると、一つの空間として浮かび上がり、学生からマイスターに成長したマルセル・ブロイヤーがデザインしたスチールパイプのバウハウスチェアが置かれている。アイデアが閃いたように光っている照明、手動の開閉窓、朝日を浴びながら製作ができるように設計された学生宿舎のベランダ……。建築自体はシンプルだが、細部は複雑な味わいで溢れている。一見、無機質にも思える空間が、森の中を歩いているように感じられる。

次に、グロピウス設計による集合住宅プロジェクトへと向かった。1925年におよそ5万人だったデッサウの人口は、1928年には8万人に膨らむ。ワイマールを追い出されてしまったバウハウスとしては、この住宅計画はとても魅力的に映った。後のプレハブ住宅の先駆けだ。

テルテン団地と呼ばれる低所得労働者のための集合住宅は、質素な造りではあるが90年ほど前に建てられたとは思えず、それらは今も現役で使われていた。他にもハンネス・マイヤーによる世界初の外廊下のある団地など、団地育ちの僕には幼少の風景とも重なる。自由を表現するための実験的なデザイン運動だったモダニズムのもう一つの側面である「規格化・大量生産」の萌芽を見ながら、デッサウによって青年から成熟していったバウハウスが、社会の中で仕事を実現していく過程での希望と困難を同時に感じた。デッサウ校舎とはまた一味違う再考を促

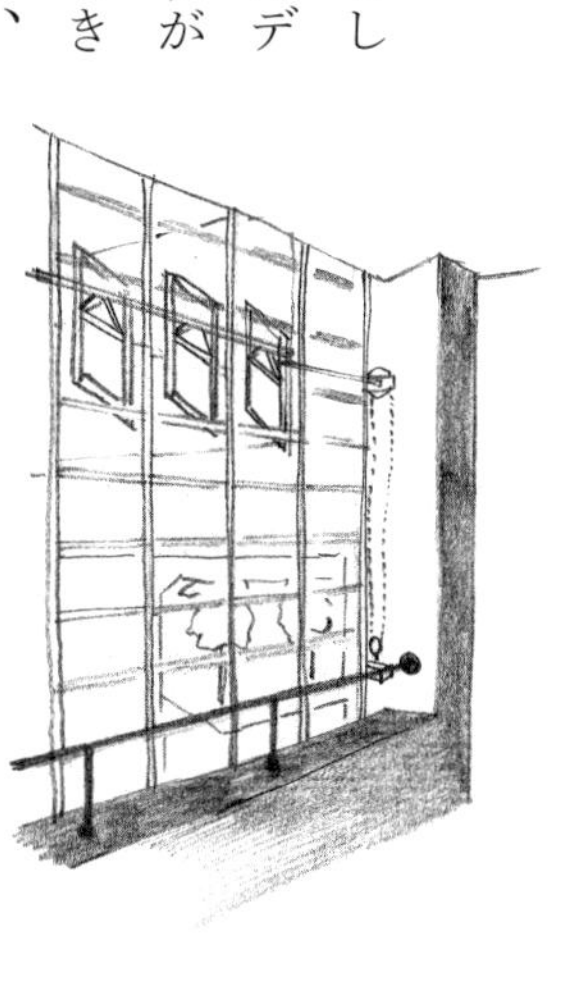

手動で滑車を動かして開ける窓。外観からだと、一見シンプルすぎて冷たく見える建物だが、室内からは違う印象を受ける。

すよいきっかけになるはずだ。

初日を終えた僕は、「Brauhaus Zum Alten Dessauer」という地ビール工場内にあるレストランで夕食を食べた。ビールを熟成させる大きな銅製の樽がある工場をそのまま改装したような店内。壁に貼られた写真にはデッサウの美しく古い町並みが。デッサウの歴史を聞いたあとなので、しみじみと眺める。洒落たカフェでビールを飲みながらバウハウスで実現していきたい夢を語り合っていたであろうマイスターや学生にでもなった気分でグラスを傾ける。

マイスターハウスへ

翌日、朝早くからグロピウスによって設計されたマイスターのための住宅、『マイスターハウス』へと向かう。

戦争でグロピウスの単世帯住居とテラスハウス1棟の半分が破壊されたが、現在は残ったクレー／カンディンスキー邸、シュレンマー／ムッヘ邸、ファイニンガー／モホリ＝ナギ邸の3つが復元、公開されている。クレーとカンディンスキーが一つ屋根の下で生活し、創作と教育を行っていたのかと想像するとつい興奮してしまうが、当時の彼らは、今のようには世界的に認知されていたというわけではない。生活も苦しかったのである。そんな芸術家たちに住まい付きのアトリエと教育の場が与えられたということ自体、新しい試みであった。落ち着いて創作に打ち込めるようになったクレーやカンディンスキーは、活動を深めていく。

マイスターハウス。成長した未来の姿を想像しながら植えたという松の木々によるランドスケープが美しい。まずはじっくり建物のまわりの松林道を歩いてほしい。

まずはマイスターハウス周辺に立ち並ぶ松林の庭を気持ちよく散策する。デッサウ校舎、テルテン団地のどちらとも違う雰囲気を醸し出すこれらの建築には、バウハウス創設以来続く、手探りの初期衝動が密かに残されているように感じた。教師と学生が、共々に悩みもがきながら突き進んでいくという独自の教育の在り方が建築化されている。

中に入ると、機能的に建てられてはいるものの、細部にはすべて人の手の味わいが刷り込まれており、部屋、階段室共に小振りなのだが、狭く感じない。規格品を使った工業住宅といった趣は影を潜め、ワイマールのアムホルンの家の延長線上にあるような、抽象建築であるとわかる。ワイマール時代、周囲から理解されなくても止めなかった新しいデザインへのエネルギーは、マイスターハウスに引き継がれ、そこに住む芸術家たちによってさらに磨かれていった。建築だけでなく、アプローチ、家と家との間、周囲に広がる庭全体を体験してみてほしい。朝日が当たっている松の葉に滴る朝露の水滴に映ったマイスターハウスを覗き込んだ僕は、そこに未来都市の風景を見つけた。

デッサウで水を得た魚のようになったバウハウス。教育の面では多くの若い才能がマイスターへと育ち、社会的にも認められ建築も実現していく。ワイマールでのゴツゴツとした手触りのある自由な有機体から、洗練されていくにつれはっきりとした方向性を持つようになった。しかし、１９２８年にグロピウスが校長を突然辞職してしまう。新しく校長に就任した建築家ハンネス・マイヤーは、バウハウスの一側面であった機能主義をより強く打ち出していく。この時期、照明器具や壁紙、タイポグラフィ等を、外部企業と契約して開発・協働を行うなど1922年頃から「工業との連携」を目指してきた成果が表れてきた。その結果、バウハウスは初めて黒字を生むことになる。初期衝動は一つの理念、形式へと成長し、ついには世界中へと広がっていった。

しかし「イズム」を持たず、矛盾をたっぷり抱えたままに生きのびていくのがバウハウスだったはず。グロピウスに続き、モホリ＝ナギやマルセル・ブロイヤーたちも辞職してしまう。効率を考えると排除したいと思うけれども、人を育てたり、芸術を実践するためにはむしろ必要な矛盾。成熟を迎えたバウハウスはどう乗り越えていくのか。デッサウでの旅は町全体を使った立体冒険物語のようだ。

なんとしてでも生きのびる

バウハウスのデザイン活動が活発になり、国際的な評価が高まってきた1930年に行われた議会選挙の結果、ナチスが台頭してくる。自由な精神を持った教育機関であるバウハウスは当然敵視されてしまい、1932年にはデッサウ市議会で廃校されることが決定してしまう。しかし、バウハウスはただの組織化された学校ではなく、一つの生命体である。命あるかぎり簡単には諦めない。3代目校長ルートヴィヒ・ミース・ファン・デル・ローエ（1886−1969）は、すぐに私立のバウハウスとして活動を再開した。

再始動の場所はデッサウから電車で2時間ほどの首都ベルリン。シュテーグリッツという郊外の地区にある元・電話工場が校舎として転用された。校長ミースは、ナチスによって問題視されてしまう政治の要素を完全に消し去り、「建築」に焦点を合わせた学校へと変化させようとし、多くの教師と学生がミースに共鳴し、一緒に活動した。元々どんな決まりもなく、各々の自立した自由な精神によって混沌のまま一つの細胞のように揺れ動きながら成長してきたバウハウス。虫の息でありながらも生きのびるために静かに命を繋いでいく。

ナチスはさらに躍進し、とうとうヒトラーがドイツ首相に就任。秘密警察の行動も激化していった。そして、バウハウスはほぼ強制的に閉鎖へ追い込まれていく。ミースは国家によって壊されてしまう前に、自らバウハウスを終わらせることを決意。こうして1933年8月10日、

これがベルリンでの元・電話工場を転用したバウハウス校舎。デッサウとは一変したが、それでもミースはバウハウスを続けるために力を尽くした。

実質半年間ほどの活動を経てベルリンでの私立バウハウスは廃校した。1919年から14年間続いたバウハウスの命が絶えてしまった。その後教師や学生たちは、移住して成功した者、退廃芸術家と烙印を押され制作を禁じられた者など様々な人生を歩んでいった。消滅してしまった理由も、その後の芸術家たちの道のりも一言では言えない複雑さ。このようにバウハウスは「断定」を根底から疑ってくる。

抵抗する人間であれば、法で裁けばいいかもしれない。しかしバウハウスは「抵抗」ではなく、徹底して「新しい世界」の創造に集中した。既存の考え方、社会の在り方とはまったく違う別の思考を人々に促そうと試みた。だからこそ、ナチスは脅威を感じたのだ。僕は青年バウハウスの成長の軌跡を見ながら、ふと自らの未来を思った。バウハウスは常に社会に対して「答え」を提供するのではなく「問い」を突きつけていく。放っておくと人々が知らぬ間に「当たり前のこと」として片付けてしまいそうなことに、一つの答えではなく無限大の問いを投げかける。それがバウハウスの「態度」であった。「答え」には正しさが判断されるが、「問い」は考える人それぞれの新しい動きを呼び起こす力を持っている。バウハウスは社会に弾圧され、肉体としての姿は消えてしまったかもしれない。しかし、バウハウスの創造の火はまだ今も世界中の人々によって少しずつ薪を足されながら燃えているのではないか。

ベルリンに到着した僕はそんなことを考えながら『バウハウス資料館』へ向かった。バウハウスの歴史を一望できるような展示になっている。黎明期の椅子やタペストリーから、絶頂期の家具製品、建築プランまで大規模ではないがしっかりと網羅されている。

ベルリンの街を歩いていると、廃墟を広場やアトリエなどに転用している建物とよく出会う。僕はクロイツベルク地区が好きで、ベルリンへ行ったらよくここを歩く。第二次世界大戦、ベルリンの壁。ここも政治と戦争に翻弄された場所であり、だからこそエアポケットのように自由な空間が生まれている。トルコ系の移民が多く住み、家賃が安かったときに芸術家たちも移り住んできたエリアだ。最先端のギャラリーと、トルコ人のおばちゃんのための日用品屋が混在している雑多な路地。ベルリンには電話工場だった場所を学校として転用したバウハウスの精神が自然な形で宿っている。

バウハウスの種は、風に乗って世界へ

その後、『新ナショナル・ギャラリー』へ。最後の校長であったミースが晩年である1968年に設計した美術館。ミースはバウハウス閉鎖後、1937年にアメリカ・シカゴへ亡命し、現在のイリノイ工科大学にあたるアーマー大学の建築学部長に就任する。そして、フランク・ロイド・ライト、ル・コルビュジエと並ぶ近代建築の三大巨匠の一人へと成長。このようにバウハウスは、キノコが笠の裏側に抱え込んだ胞子のように、目に見えない「創造の種」となって風に乗って世界中へ運ばれていった。

古い建物が並ぶトルコ人街の中にお洒落なカフェが紛れている。価値観が揺さぶられる好きな通り。

初代校長であったグロピウスも同じ頃渡米、ハーヴァード大学で建築学科の教授として活動を再開。バウハウス創立時は学生であり家具製作のマイスターとなって躍進したマルセル・ブロイヤーと共に事務所を立ち上げ、建築家として成功していく。画家であるカンディンスキーはパリへ、クレーは故郷のスイス・ベルンへ戻り、美術の世界で活躍。それぞれ独自の思考を持って教えていた教師陣は、バウハウスが消滅したことがきっかけで世界中に広がっていったとも言えるかもしれない。

さらには教育の場としてのバウハウスを広めていこうとした教師たちもいる。創立時から4年間ワイマールで教えていた教育者ヨハネス・イッテンは、グロピウスと考え方が合わず教師を辞めた後、ベルリンで「イッテン・シューレ」という名の美術学校を開校した。竹久夢二もイッテン・シューレで講習会をしたという記録も残っている。バウハウスは創造概念だけでなく、教育とは何かという「問い」そのものでもあった。アーティストのモホリ＝ナギも1937年にシカゴへ渡り「ニューバウハウス」というデザイン学校の設立を任される。翌年、資金難で閉鎖してしまうが、その後もどうにか独力でデザイン教育を継続していった。

中でもバウハウスの教師でもあった現代美術家ジョセフ・アルバースが渡米後に招聘もされた、1933年に設立された「ブラック・マウンテン・カレッジ」という芸術教育機関に注目したい。ワイマール、デッサウで生まれた種は遠くアメリカ東海岸のブラック・マウンテンという小さな町で芽吹き、現代音楽の創始者ジョン・ケージや画家のウィレム・デ・クーニング

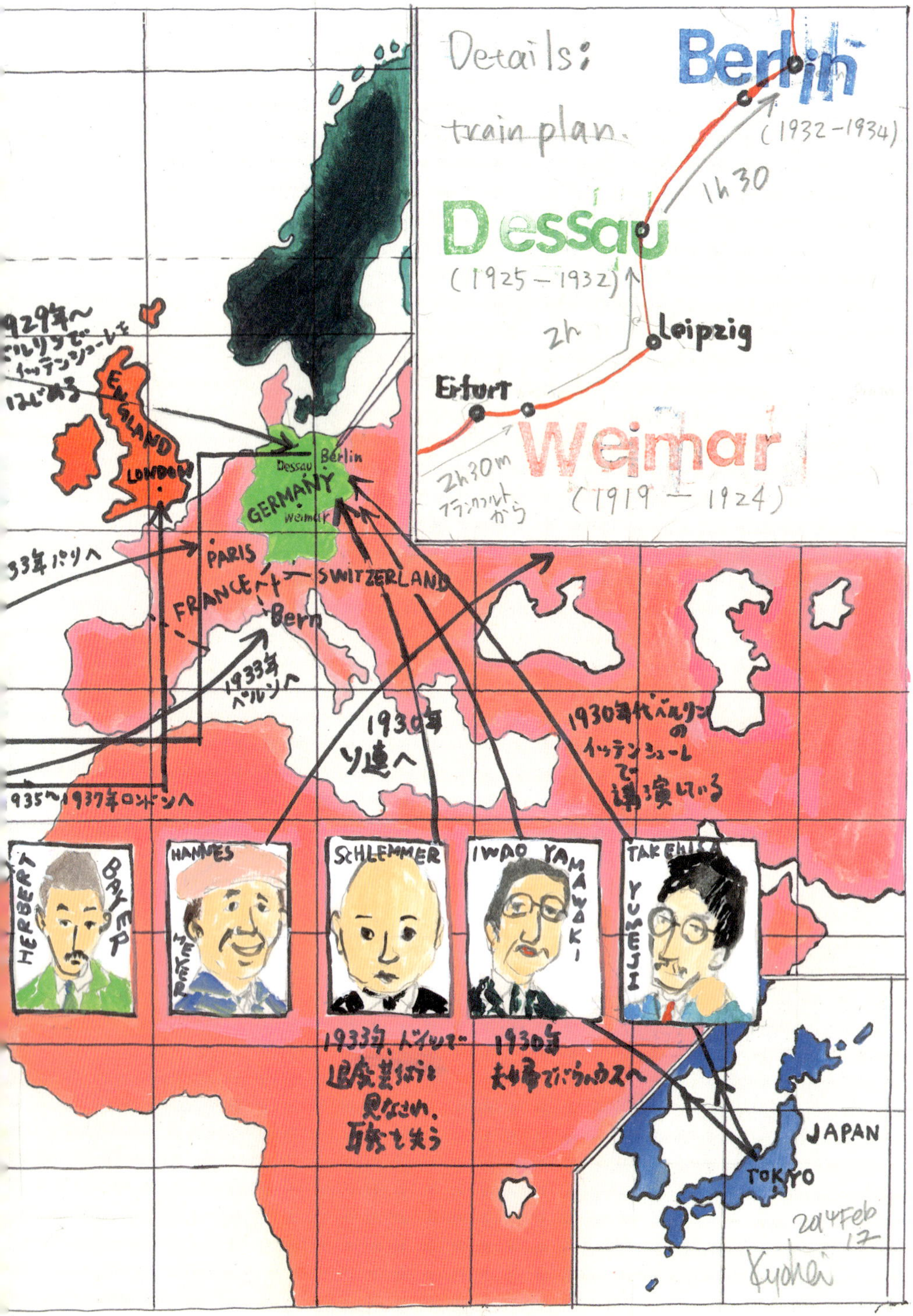

Details:
train plan.
Berlin
(1932–1934)
1h30
Dessau
(1925–1932)
Leipzig
2h
Erfurt
Weimar
(1919–1924)
2h30m
フランクフルトから
929年～
ルリンでイッテンシューレを
はじめる
ENGLAND
LONDON
GERMANY
Dessau
Berlin
Weimar
33年パリへ
PARIS
FRANCE
SWITZERLAND
Bern
1933年
ベルンへ
1930年
ソ連へ
1930年代ベルリンの
イッテンシューレで
講演している
935～1937年ロンドンへ
HERBERT BAYER
HANNES MEYER
SCHLEMMER
IWAO YAMAWAKI
TAKEHISA YUMEJI
1933年、ドイツで
退廃芸術と
見なされ、
職を失う
1930年
夫婦でバウハウスへ
JAPAN
TOKYO
2014 Feb 17
Kyohei

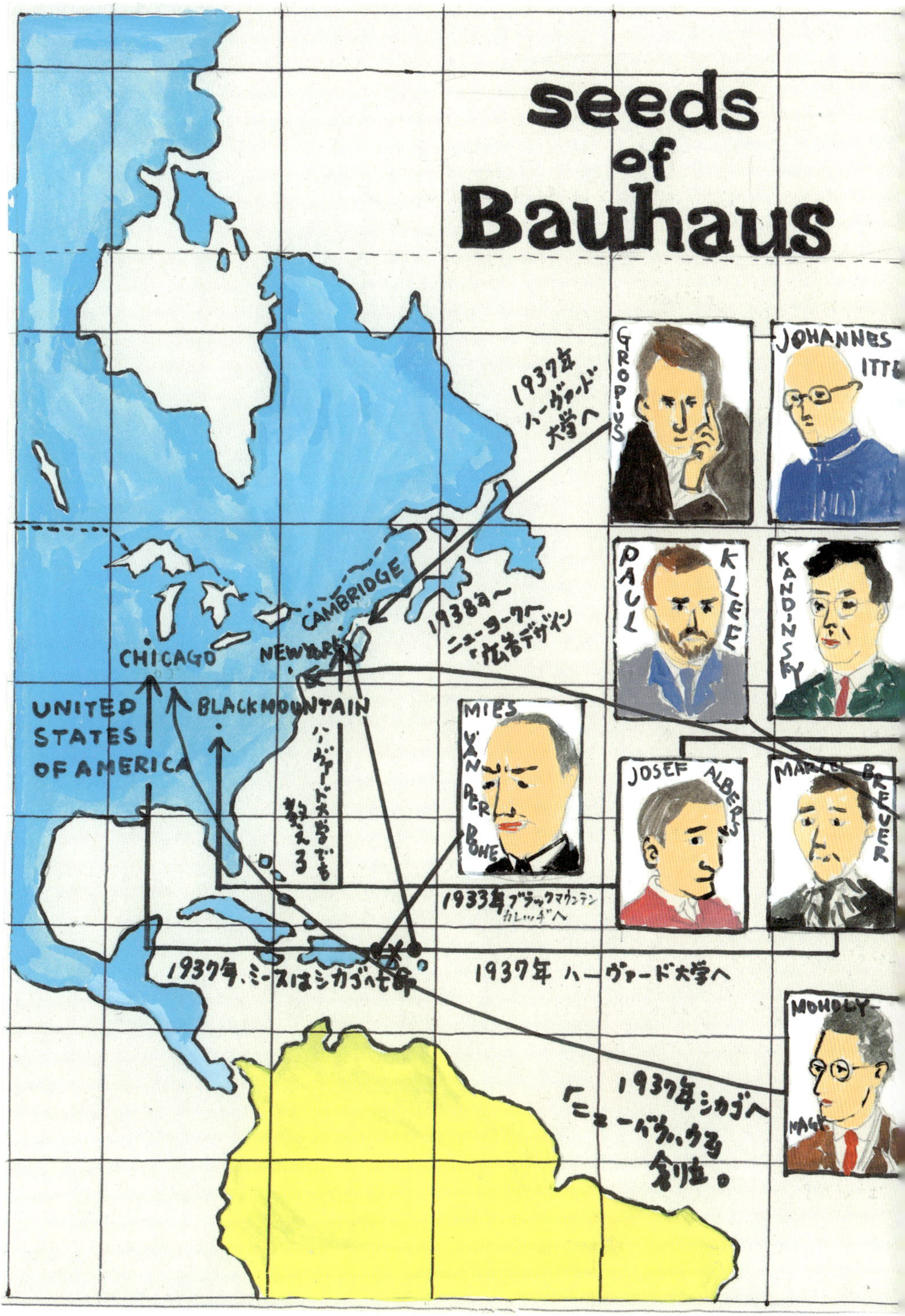

seeds of Bauhaus
GROPIUS
JOHANNES ITTE
PAUL KLEE
KANDINSKY
MIES VAN DER ROHE
JOSEF ALBERS
MARCE BREUER
MOHOLY-
1937年 ハーヴァード 大学へ
CAMBRIDGE
1938年〜 ニューヨークへ 「広告デザイン
CHICAGO
NEW YORK
UNITED STATES OF AMERICA
BLACKMOUNTAIN
ハーヴァード大学でも教える
1933年ブラックマウンテンカレッジへ
1937年、ミースはシカゴへ亡命
1937年 ハーヴァード大学へ
1937年シカゴへ
「ニューバウハウス
創立。

が教鞭をとり、現代美術家のロバート・ラウシェンバーグやサイ・トゥオンブリーなどその後の創造表現を刷新した芸術家たちを輩出している。

バウハウスをめぐる旅も終盤に入る、ここで一つ日本食でも食べたいところ。そんなときは日本料理屋「だるま」へ行こう。名物であるカツ丼は日本で食べるよりも美味しいんじゃないかと密かに思っている。食後のレジ横で買える手作りどら焼きも絶品。

腹ごしらえを終えると「だるま」から歩いてすぐのところにある劇場『ベルリナー・フェストシュプール』へ。館内には、僕が２０１２年に制作した『モバイルハウス』という移動式の二階建ての小型住宅が展示されている。町に捨てられていた廃材を使い、建てたものだ。総工費０円。僕にもしっかりとバウハウスの創造の種は落ちてきている。

言葉にできない感情や思いは誰でも持っているはずだ。バウハウスを体験して重要だと感じたことは、言語以前の人間が持っている直感をいかに正確に捉えていくか、である。これこそ、弾圧にも、社会的不利にも、金銭の欠如にも、周囲の無理解にも決して負けない力強い技術なのだ。それを教えてくれる学校、それがバウハウスだった。血肉となった技術は永遠に消えない。だからこそ、弾圧を受けたとしてもいつか必ず伝わっていくのである。僕はこの旅を経て、大きく励まされた。

旅の最後に僕は『ベルリン・ユダヤ博物館』へ向かった。ユダヤ人の歴史、ホロコーストの犠牲者たちの遺留品など様々な資料が展示されている。設計者のダニエル・リベスキンドの両親はユダヤ系でホロコーストの生存者でもある。博物館というよりも、今まさに社会で起きている現象が建築を通じて体感できてしまうという、これまでの近代建築にはなかった建物である。バウハウスからはじまった近代の建築は完全に終わった。バウハウスは近代建築よりも遠くの標的を持っていた。今も飛び続けて新しい世界をつくるためのインスピレーションになっている。博物館の中でずっと迷子のように、光と影だけでつくられる空間に漂いながら僕はここにもまたバウハウスの種が誰にも気づかれないようにそっと落ちていることを感じた。

そろそろこの旅も終わりである。ＢＡＵをめぐる冒険。本で少しだけ読んだことのあるバウハウスという学校は、人々に思考を促す熱病のような生き生きとした生命体であった。世界各地に今も残る建築物には、このように言葉にはできない多くの情報が詰め込まれている。それを体験してみたい。つい既成概念でつくり上げた視線で物事を見てしまいがちな僕は、ベルリン・ユダヤ博物館の壁に触れながら今回の旅を思い返した。まだまだ知らないことばかりだ。しかしそこで諦めるのではなく、探索を少しでもいいから続けていこうではないか。バウハウスの種は、僕に一つの冒険を生み出したのだ。

ＢＡＵをめぐる冒険。それはまだはじまったばかりである。

ミース・ファン・デル・ローエによる晩年の作品『新ナショナル・ギャラリー』。1968 年完成。ミースは「Less is more」（少ないほど豊かである）という理念を基にバウハウスの考え方をさらに突き進めていった。

僕が『ベルリナー・フェストシュプール』に建てた小さな『モバイルハウス』。

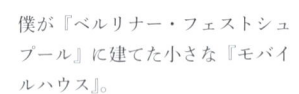

ベルリン・ユダヤ博物館。地下にある入口から館内に入ると、順路が設定されておらず、交差点が連続するために観覧者は迷子になってしまう。そのとき、高い天井から深く差し込んでくる光を体験してほしい。

原点

建築に会いにいく旅の原点は、高校生の頃に遡る。僕は当時17歳で、建築家になりたいと思っていたので、大学で建築を学ぼうとしていたが、一体どこの大学に行けばいいのかさっぱりわからなかった。高校の先生たちは名前を聞いたことのある大学を勧めてくるのだが、そこでどんな建築家が教えているのかは知らないようだった。進学についてはちんぷんかんぷんだったが、住んでいる熊本で自分が好きな建築のことはよくわかっていた。当時、熊本では洒落た店がたくさん生まれはじめていた。高校生でも商店建築だったらお客さんとして中に入ることができる。その中でも一番落ち着くのは熊本で初めてチャイを出していた「シャンカールG」というカフェだった。

どの大学で建築を勉強するか考えてもぼんやりばかりしていたが、シャンカールGに足を踏み入れると、気持ちがすぐに晴れた。僕はこんな空間が好きなんだ、と直接体を通して感じられるからだ。そのとき、僕はひらめいた。

「大学に行くという誰かがつくった道じゃなくて、自分が好きだと感じたこの建築をつくった人に弟子入りしよう」

そう考えた途端に、創造力が喚起されて、やる気と視野が一気に広がった。その感触は今でも覚えている。「独自の方法で、自分なりの道を見つける」という僕の生き方の原点でもあるのかもしれない。思いつくと、僕はすぐに行動した。店員さんに、お店の空間をつくり出した人は誰かと聞いてみたら、すぐに教えてくれた。建築家を目指していると伝えると、電話番号まで教えてくれた。さっそく電話をかけると、今からでも会えるよ、と返事が。そして僕は急いで自転車に乗って会いに行った。

教えてもらった場所に到着すると、なんと目の前に本物の米軍の軍用機が停まっていた。混乱していると、そこに坊主頭のいかつい男性が現れた。その人こそ僕が生まれて初めて出会った建築家、山野潤一さんである。サンワ工務店という設計と施工をどちらも行っている建築会社を営んでいた。山野さんは軍用機を見てびっくりしている僕に、これは福岡の空港の近くの屑鉄屋で見つけたと教えてくれた。米軍が捨てたものだという。輪切りにされていた部材をスクラップされる前に買い集めて、自分たちで修理したとさらりと口にした。さらに裏の倉庫も案内してくれた。そこには山野さんが九州中から集めたガラクタが、種類別に綺麗に整理されて並べてあった。古いランプやタイル、明治期頃に建てられた蔵を分解した部材など、山野さんは一つひとつ記憶していて説明してくれた。こういったガラクタもちゃんと使い道があるんだ、と教えてくれた。山野さんの周りには電気屋、家具屋、車整備屋など癖の強い職人たちが揃っていて、これらの古い材料も新しいお店の一部として生まれ変わるという。シャンカールＧのことが好きだと伝えると、あの場所はこんな材料を使っていると事細かになんでも教えてくれた。

大学に行かずに、山野さんに弟子入りしたいと伝えるとすぐに首を振った。

「お前はいろんなことができそうだから、一回江戸に遊学してこい。それでいつか熊本に帰ってきなさい。いつか一緒に仕事をしよう」

山野さんにそう言われて、僕は今度は図書館で建築雑誌を読み漁り、早稲田大学で教えていた石山修武という建築家の作品に衝撃を受け、上京した。そして33歳のとき、熊本に帰ってきた。もちろん最初に挨拶に行ったのは山野さんだった。僕は今でも自分が何かをつくろうとしてわからなくなったりしたときや、材料が見つからないとき、いつも山野さんのガラクタ倉庫へ向かう。このように僕にとって建築の旅とは、自分なりの方法で生きのびていくための最も根源的な行為なのだ。

インドと融合するコルビュジエ

ル・コルビュジエ

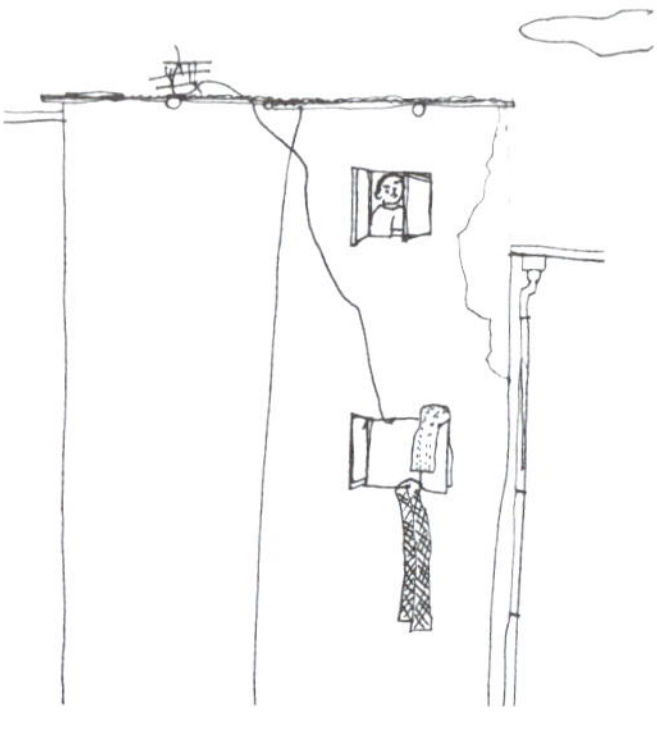

チャンディーガルの議事堂。手前には人工池があり、水面に映える姿は幻想的だ。湾曲した巨大な屋根がこの建築を引き立てる。コンクリートの壁面は荒々しく、まるで自然の力でつくられた彫刻のようだ。

近代建築の巨匠として知られる建築家、ル・コルビュジエ（1887–1965）。彼は63歳にして初めてインドの地に降り立つ。パンジャーブ州とハリヤーナー州にまたがる新州都・チャンディーガル建設の依頼を受けて。ル・コルビュジエは1951年の初訪印から、亡くなる前年まで23回もインドを訪れ、チャンディーガルの都市計画を実現し、アーメダバードでもいくつかの建築を手がけた。インドとル・コルビュジエ。一見、相反しそうなもの同士が絡み合って造り上げられた建築とは一体どんな空間なのだろう。彼はインドとの出会いによってどのような変化を遂げたのだろう。また、彼がつくり出したものはインドに何をもたらしたのだろうか。僕は、それを見て、肌で感じるために、インドへと向かった。

混沌の中へ

成田空港を出発した飛行機は、インド西海岸に面する商業都市ムンバイへ到着した。12年ぶりのインド。久しぶりのはずであるが、インドはいつもと変わらない顔。空港の群衆の中を抜け、生暖い熱気を浴びながら、車に乗り込む。僕の故郷熊本で買ってきた「吉田松花堂」の諸《しょ》毒消丸《どくけしがん》という漢方薬を10粒、水と一緒に飲み込む。これを飲んでおくと、水あたり、食あたりを防げるので重宝している。タクシー、オートリキシャと呼ばれる自動三輪車、バイクが入り乱れての大渋滞。その間を、人が歩く。停車していると、果物を持った売り子が窓ガラスか

ル・コルビュジエはスイスの時計職人の次男として生まれた。美術学校で彫金を学んでいた10代のときにすでに初の建築作品を手がけているが、大学などでは学ばず徹底して独学の人であった。享年77歳。

ら手を突っ込んできてセールストーク。砂埃が、排ガスと混じって、舞い上がる。顔全面を布で覆った女性がバイクにまたがり、車の間を駆け抜ける。クラクションはそこかしこで鳴り続けている。あらゆる音、モノ、匂いが同居している。久々の光景に、インドに入ってきたことを実感させられる。しかし、不思議とうるさくない。それらの喧噪が、心地よく体の中に染みてくる。体の細胞が喜んでいる。

翌日、ムンバイから国内線で約1時間半。まずは最初の目的地、インド西部に位置する工業都市アーメダバードへ。古くから栄える繊維業の街であり、ガンディー独立運動の拠点となったところでもある。様々な宗教、民族が共存しており、独特の文化をつくり出している。ムンバイの喧噪と比べると、ここは人、モノ、動物が彩り豊かに混ざり合っている印象を受ける。街自体もゆったりと穏やかで、緑も多い。まだ人や動物が都市に負けていない。街には犬が駆け回り、牛が何食わぬ顔で車道を歩き、屋根には猿までいる。その中を子どもたちが走り回っている。

早くル・コルビュジエに会いに行こう。アーメダバードでは繊維業で成功した人々がパトロンとなり、繊維業者協会会館、美術館、サラバイ邸、ショーダン邸の4つの建築物が建てられた。

繊維業者協会会館。巨大な屋根の下で、室内と屋外が混ざり合っている開放的な空間。建物の中を風が抜け、光が差し込む。

インドとコルビュジエの幸福な出会い

まずは、『繊維業者協会会館』へ。鬱蒼と生い茂る木々に隠れており、通りからはどこにあるのかわかりづらいような場所にある。地元の人々に聞いたが、これがル・コルビュジエの設計した建築だとはあまり知られていないようだ。歴史のあるこの街では、50年ほどの歴史を持つル・コルビュジエの建築もまだまだ新しいのかもしれない。しかし、門を抜けると、その空間はダイナミックな絵画のように僕の目に飛び込んできた。ブリーズ・ソレイユと呼ばれる日除けが光と影のモノクロの表情をつくり出している。巨大な建物には、窓ガラスがない。建物の内部に入り込むと、そこは室内と屋外が混在した空間で、風が吹き抜ける。

僕は、そこにいながら、車窓から見ていた路上の風景がふと頭に思い浮かんだ。

大きな木の影の下で髪を切っている理髪店。

傘を屋根代わりにして、道端で煙草などを並べ売っている雑貨屋。

道端で火を熾《おこ》し、チャイをつくり、人々が周辺に座り込んで飲んでいる喫茶店。

どれもが、屋外でありながら、そこに一つの空間をつくり上げている。ル・コルビュジエが建築で実現しようと思ったものが、ここでは自然な営みとして存在している。そのとき、彼は自分が目指している空間が、じつはとても根源的なものであることを感じたのではないだろう

ル・コルビュジエのデザインは細部にまで施されていた。
繊維業者協会会館のスイッチ板。様々なスイッチが、絶妙に配列されていて楽しい。

か。コンクリートの塊が、自然がつくり出した彫刻物のように見えてくるのだ。
インドはル・コルビュジエに生命力を与えたのかもしれない。「住宅は住むための機械である」と言った彼の思想とは異なる新たな感覚が、ここで生まれたのではないか。

次に向かったのは、『サラバイ邸』である。入口の警備員に、見学をしたいとお願いして、許可をもらい、邸内に入っていく。サラバイ家は、アーメダバード有数の名門。広大な敷地である。邸宅がなかなか見えてこない。とにかく長いジャングルのような森の中を歩いていくと、ようやく到着した。しかし、建築物の全体像が見えてこない。植物に完全に覆われていて、建築物が無くなっているように感じられる。濃密な自然と一体化し、初めて見るにもかかわらず、既視感と懐かしさを感じるような不思議な空間であった。ここも、窓が開け放たれ、屋外と室内の空間は曖昧に混ざり合い、風を肌で感じられる家になっている。ぐるりと一周すると、今度は屋上へと案内してくれた。こちらにも多彩な植物が植えられていた。まさに家と庭が一体化した、一本の大木のような空間であった。
そして、何よりも、この建築に今でも人が生き生きと暮らし、空間を育て続けていることが印象深かった。それを目の当たりにして、建築を見るという喜びを感じた。

最後に向かったのが、『ショーダン邸』である。建築を学んでいた大学時代に、たまたま古本屋で見つけた写真集の中でこの家が紹介されていて、僕は大きな衝撃を受けた。ぜひともこの目で見てみたい。こちらもサラバイ邸同様、個人宅なので、見学できる可能性は低いが、ダメもとで行ってみた。すると、ちょうどショーダン氏が玄関から出てきたのである。日本から来たことを伝えると、外からなら見学してもよいとのこと。幸運を手にし、その空間を体感する。裏庭から建物を見上げると、屋根がぶち抜かれ、そこから青空が顔を出している。家の中に空が入り込んでいるのだ。ここでもインドの風土を生かした、半屋外空間のような家造りが行われていた。インドでこそ、ル・コルビュジエの建築思想は、うまく生かされたのではないか。そう思わせるほど、これらの建築は伸び伸びと生きている。

すべてを呑み込む街

ル・コルビュジエの建築を見た後は「ポル」と呼ばれる旧市街地に迷路のように広がる路地を歩く。狭い路地の両脇には、3、4階建ての細長い建築物が立ち並ぶ。その中で人、犬、牛、猿、鳥たちが暮らしている。色鮮やかな青が印象的だ。また、家の玄関や窓の上方に鳥の餌台がぶら下がっている。路地や空間が、人間のためだけのものではないという意識に、歩いているだけで心地よさを感じる。壁に吊るされた色とりどりの洗濯物や、窓から垂れ下がっている電線までもが生き物に思えてきた。

ショーダン邸の南側。屋根に開けられた丸い穴からは雲一つない青空が見える。回転扉を開くと、ほぼ屋外の空間になる。
この南側からの写真を見て、大学生の僕はル・コルビュジエに対して衝撃を覚えた。

上／サラバイ邸。アーチ型天井の建物が横に連なって造られている。ここでもル・コルビュジエお得意の回転扉があり、外と内の空間が一体化している。緑で覆われた洞窟のような建築は、昼間でも涼しくリラックスできる。

下／邸宅は広い森の中にある。緑に溶け込み、自然と一体化している。庭にはプールがあり、滑り台まである。

アーメダバードではすべてが同居していた。ル・コルビュジエの建築と、６００年の歴史を持つ街並み。人間と動物。屋外と室内。自然と人工物。新しいものでも古いものでも、一緒に呑み込んで、等しく受け入れるような土壌がここにはある。

ル・コルビュジエの建築と出会いながら、僕は、もっと奥の人間の根源的な生を見ようとしている。そう感じさせるものが、インドにはあるからだ。

インドにつくったユートピア

国内線を乗り継ぎ、ル・コルビュジエが世界で唯一都市計画を実現させた街、チャンディーガルに到着。タクシーでホテルまで向かう。車窓から見える風景は、これまでの都市とは明らかに違っていた。まっすぐの車道、その横に広めに造られた歩道、そして並木道。木々は等間隔に生い茂り、そこがインドであることを一瞬忘れてしまいそうになった。混沌とした街並みはない。元々、荒涼とした平地が広がっていたこの地は、整然として落ち着いた都市になっているように見える。ちょっとインドらしくなさすぎて心配になる。さすがに、インドでル・コルビュジエの都市計画では無理があったのか。そんなことを考えていたら、タクシーの運転手が「この街はみんなが住みたいと憧れるんだよ」と自慢している。僕には、街の持つエネルギーが弱いように感じられていたのだが、住んでいる人々は街を愛しているようだ。

一番インドらしからぬ場所。そこがインド人には好まれているのかもしれない。当初、50万人を想定していた人口は、今では100万人を超えているという。今後の住宅供給が大きな課題となるだろう。しかし、街を見ていると、かなり余裕を持って建てられている。それが不思議であった。

ル・コルビュジエの作品群が一か所に集まった、セクター1にあるキャピトル地区へ向かう。ここにル・コルビュジエが設計した建築物のすべてが揃っている。まずは、『合同庁舎』へ。

コンクリートの建物の外観は、コンピューターチップか、はたまた何かの暗号かと思われるような複雑な幾何学模様をしている。その大きさに圧倒される。

チャンディーガルのル・コルビュジエの建築の多くは、行政機関が利用しているため、建物の見学には許可が必要で、室内の写真撮影は不可であるところも多い。

軍服姿の兵士にちょっとビビりながらも、案内してもらう。中に入ると、慌ただしく働く人たちがいた。建築物はしっかりと使いこなされているようだ。様々な色で塗られたスロープ状の通路をぐるぐると上って、歩いて屋上へ。屋上には、昼寝をしている職員らしき人が2人。そこにふとインドを感じほっとする。屋上から眺めると、ル・コルビュジエの作品群が一望でき、絶景。

使い込まれるコルビュジエ建築

次に、屋上からの眺めで一番印象的だった『議事堂』へ。こんなコンクリートの塊は見たことがない。まるで、太古の遺跡である。地中から地殻変動で溢れ出てきてしまった「原始的な宮殿」のようなその建築は、中に入ると、非常に暗い、闇のような空間が広がっていて、驚かされる。本物の洞窟のようなのである。アーメダバードの自然と同居した建築たちとは、まるで正反対なのだが、その圧倒的な存在感は、ル・コルビュジエの持つもう一つの顔を覗かせる。見学には許可が必要だが、ぜひとも体験してもらいたい。しばらく、遠くから座り込んで議事堂を眺めた後、『高等裁判所』へと向かった。

こちらは静かな議事堂から一転、弁護士や、職員、手続きに来た市民などが慌ただしく走り抜ける。ブリーズ・ソレイユはランダムな文様を描き、巨大な屋根がそれらの空間、人々を包み込む。チャンディーガルのル・コルビュジエ作品群の中では、一番、市民によってしっかりと使い込まれていた。荒々しいコンクリートの表面は、活発に動く人間の姿によって、さらに生き生きとし、建築はまた違った姿を現す。チャンディーガルの建築は、それぞれが異なる顔を持っていた。

それは、そこに住む人たちの反応とも呼応しているように感じる。

議事堂で出会った州議員は、このル・コルビュジエの建築群に対して誇りを持っているのに対して、合同庁舎を案内してくれた兵士

高等裁判所。階上へと続く開放的なスロープからの眺め。ピンク、イエロー、グリーンに塗られた壁のような柱が巨大な屋根を支えている。

合同庁舎。僕は気に入ったが、案内してくれた兵士はまったく興味を持っていなかった（笑）。職員たちは慌ただしく、建物内を走り回っており、建物はしっかりと使い込まれていた。

は、この建物がル・コルビュジエの設計によって建てられたことすら知らなかった。高等裁判所の前では、筆記用具を売る店、手帳を売る店、鍵を売る店など、屋根もない小さな露店がたくさん出ていた。そこからは、そのままこのチャンディーガルという街自体をどのようにインドの人々が受け入れていこうとしているのかが、垣間みられるような気がした。このように、様々で雑多な種類の人間によって、多様な受け入れられ方をすることで、都市というものは発展していくのである。ル・コルビュジエがつくり出した都市は、少しもとどまることなく、まるで生きているかのように動き続けている。

もう一人の建築家

また、チャンディーガルには別の建築家(?)によってつくり上げられた、もう一つの都市がある。作者の名前はネック・チャンド。彼がつくった都市の名前はロック・ガーデン。元々はチャンディーガルの都市建設担当の役人だった彼は、工事現場にあった廃棄物を使い、都市計画の敷地内の森の中に、たった一人で自分の夢想の世界を勝手につくりはじめたのである。18年後にそのとんでもない計画が政府に見つかってしまうのだが、その壮大なスケールに感動した市民が味方となり、最終的に政府はそれを認める。現在では、公園となり、多くの観光客が訪れるという。

そこへ行ってみることにした。場所は、ル・コルビュジエの建築群と同じ地区。そこは〝ル・

コルビュジエもびっくり〟なほど多くの観光客で溢れていた。

中に入ってみる。とんでもない世界であった。廃棄物を使ったとは思えないほどの完成度で、洞窟が造られ、崖が造られ、水が滝となって流れ落ち、川となっている。すべてを見るには、ゆうに1時間はかかるであろう、その広大な庭は、なんと現在でも造り続けられているのである。

僕には、完全に人工的に都市を造ろうとしている建築の発想に対して、人間が根源的に持っている創造の力で、ネック・チャンドが疑問を呈しているように見えた。


グリッド状に区画整理された街の外にはスラムが広がっていた。そこには中心地区では見られないような活気のある市場があり、僕は香辛料をたくさん購入した。その後、スラムの奥へと歩く。ここにはまた別のチャンディーガルの姿があった。

この巨大な人工都市にも目を凝らすとインドの混沌とした生のエネルギーが溢れ出ていた。秩序と無秩序が混じり合う中で、葛藤を抱えつつも希望を持って生きる。それこそがル・コルビュジエがつくりだそうとした都市の姿そのものだったのではないか。

バルセロナ・モデルニスモという土壌

アントニ・ガウディ
リュイス・ドメネク・イ・モンタネール
ジュゼップ・マリア・ジュジョール

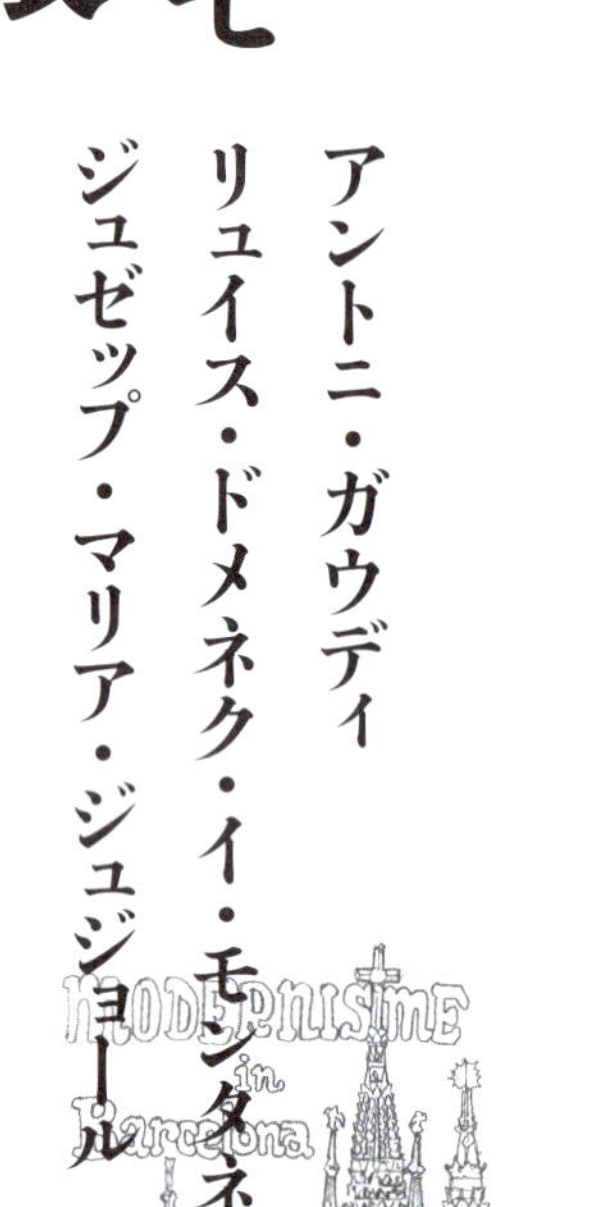

ガウディは31歳のとき、更迭された建築家の後を引き継ぐ形でサグラダ・ファミリア聖堂の設計を任される。彼は新しく垂直に空まで延びる建築像を提案。以降、1926年に死ぬまで40年以上もライフ・ワークとして取り組んだが、最終案が完成したのが死ぬ前年、実際に施工されたのは写真の「生誕のファサード」と鐘楼だけだった。

ガウディとの出会い

僕がアントニ・ガウディ（１８５２－１９２６）のことを初めて知ったのは高校生の頃である。小学生時代、子ども部屋の学習机で画板を屋根にして机の下に布団を敷き、寝ることができる巣のような空間をつくった。すると、父が僕に建築家という職業があると教えてくれたのだ。その後、大学で建築を学ぼうと決めた僕は図書館で、建築に関する本を漁るようになっていく。そんなある日、ヨーロッパの建築を特集している写真集を眺めていると、一つだけ異質な建築が紛れ込んでいて僕は目を奪われた。それがガウディ設計による『カサ・バトリョ』という建築であった。僕はガウディの建築を見て、新しいものに触れて興奮したというよりも、むしろ懐かしさを感じた。４、５歳のとき、必死で探していたアリジゴクの巣が脳裏を過《よぎ》ったのだ。

写真集に載っている他の建築と比べれば異質だけれども、高校生の僕にもまだ微かに残っていた子どもの視点からは自然に感じられたのかもしれない。こんな空間があればいいのになと思い描いていたものがガウディの建築から漂っている。未知であるそのときの僕はその意味をすぐ言葉にすることはできなかったが、いつか巣のような建築を設計したいと思うようになっていった。

それから15年ほどが経ち、建築設計を行う建築家ではなく、建築、住まいについて考える作家となった僕は２０１３年頃から自らの幼年時代の記憶を辿り、深く考えるようになった。目の前の社会の問題を解決する前に、何か忘れていることがあるのではないかと思うようになったからである。そんな中で僕は再びあのアリジゴクの巣を思い出した。呼び戻された記憶の中のアリジゴクの巣の横にはガウディ建築たちが佇んでいた。無駄のない、自然のありのままの姿である昆虫の巣と、過剰な装飾で包まれた、合理的には見えないガウディ建築。一見、両極にも見えるこの二つの建築を見比べながら僕はガウディ建築を実際にこの目で確認してみなければと思い立った。

自然の造形から大きな影響を受けたガウディが感知した智慧とはなんだったのか。それを体感するために、僕はスペイン・バルセロナへ向かった。

若き日のガウディ

バルセロナに到着すると、まずは街全体に漂っている空気を感じ取るために北西部に位置するティビダボという山へ車で向かった。ここからバルセロナの街が見渡せるのだ。地図を片手にガウディ建築の場所を確認する。『サグラダ・ファミリア聖堂』が遠くに見えると、まるで旅から還ってきたような懐かしさを感じた。

アントニ・ガウディは１８５２年、カタルーニャ州タラゴナ県で生まれた。父親は銅板を加工して鍋や釜をつくる銅細工師という職人。銅板という平らなものから立体的なものをつくる父親の背中を見て育ったガウディは、平面的な図面から建築空間を臨場感を持って感じることができたのかもしれない。若い頃からすぐに頭角を現すことになる。20代になるとバルセロナへ出てきて創設されたばかりの州立建築学校に入学するが、ガウディは書物やアカデミックな教育よりも職人のように実践を通じて自己の想像力を実現することに興味を持っていたという。

建築士の免許を取得したガウディは、さっそくパリ万国博覧会に出展する手袋店のためにショーケースをデザインした。この作品を通じてガウディの才能を見出したのが、織維会社を経営していた富豪エウセビオ・グエルであった。グエルは、その後40年あまりの間パトロンとしてガウディを支援するようになる。矛盾をも恐れず複雑な建築の在り方を模索し、社会と馴染むことを拒否して新しい創造を実践していたガウディには味方が少なかったが、グエルによって水を得た魚のように次々とこれまでに見たこともない空間をつくり出すようになっていくのである。僕はそんな二人の邂逅の瞬間を想像しながら、まずは『グエル公園』へと向かった。

グエル公園

グエル公園に近づくにつれ、植物や、転がっている石や土が少しずつ変形していくように建築が形成されている。使われた材料の多くが、この場所にあったものなのだそう。写真で見ていたような装飾的なイメージではなく、地面が隆起してできあがったように見える。生命がう

アントニ・ガウディ26歳。この年に建築士の資格を取得している。エステバン・コメーリャの手袋店のショーケースの設計をするなど意気揚々とした時代の顔。

ごめく愉快さと怪しさが同居した不思議な入口を抜けると、そこからはもう別世界が広がっていた。

青空が広がる外の空間のはずだが、空に大きな屋根がかかっている部屋の中に佇んでいる印象すらある。階段を上ると、列柱が目に飛び込んできた。この柱の中には水道管が通っていて、屋根に染み込んできた雨水が通るようになっていた。想像力を爆発させただけの空間のように見えながら、実は自然の循環を模したとても合理的な建築でもあるのだ。このように実際に触れるガウディは、僕が勝手に抱いていた固定観念を根元から揺さぶってきた。

回廊を歩いていると、光と影が毎秒変化し、僕たちが普段目の前の世界をただ茫然と見ているだけだということを気づかせてくれる。人間が造り上げた壁で囲った空間だけが建築なのではなく、植物や鉱物、果ては人間の体までもが精巧に造られた建築なのだということをほのかに感じさせる。そんな不思議な感覚のまま、ベンチの片隅に座って、バルセロナの街を見下ろした。座面を見ると、小さなタイルの破片がていねいに貼られ、豊かな色彩のモザイクをつくり出している。タイルは廃材が転用されているとのこと。あの時代にリサイクルを実践していたのである。グエル公園という巨大な公園はこのようにして、とても小さな細部から、職人一人ひとりの手によって生み出されているのだ。

ガウディからの手紙が至るところに潜んでいるグエル公園は、今回の冒険も一筋縄ではいかないよと、僕に微笑んでいるように見えた。

カサ・バトリョとモデルニスモ

バルセロナは予想以上に穏やかな街であった。カタルーニャ地方の人びとはラテン系ではあるが、寡黙な一面があるという。街自体も静かで、自然が豊か。日本人とはとても親和性のある街だとバルセロナの人が言っていた。性格も似ている。生魚も食べるし、お米も食べる。バルに入ってみると居酒屋のようだし、人も穏やかで落ち着けた。食事を済ませた僕はまるで慣れ親しんだ街を歩くように、今度は街の中にある集合住宅を見に行くことにした。

高校生のときに衝撃を受けたカサ・バトリョは、地下道を上がるとすぐに目に飛び込んできた。１００年以上前に設計されたものとはとても思えないほど新鮮な風がいまだに吹いている。

何かの生物のようにも、森の中の大木のようにも感じるカサ・バトリョはまだ生命力を持ち、うごめいているように見える。装飾は過剰だが、周囲の環境から浮いていない。それはまるで草むらで見つけた花のように、馴染みつつ街に色彩を与えている。中に入ると、内部空間は海のように波打っていた。波を模した天井、海洋生物のようなタイル、海中に入りこむ光のように見える窓からの日光。しかも、装飾だけではなく、建築内の大気の流れをちゃんと考えて設計されている。心地よくなっていると、突然、骨のような歪《いびつ》なものとも出くわす。ただ優しいだけではない、自然そのものを空間化することに成功している。ガウディの建築は、近代建築の基礎ともなっていくのであるが、21世紀に生きる僕たちの目から見ると、ガウディはもっと遠くの未来を想像していたのかもしれないと考えてしまう。

このようなガウディの建築設計に対する姿勢は19世紀のバルセロナの状況が大きく影響している。当時、拡大を続けていたバルセロナは人口が50年間で15万人から60万人に増加した。大都市として大きく盛り上がるにつれて、同時に貧困の問題、自然との乖離の問題などが出てくる。そんな中、建築家たちはどのような姿勢を見せるのか。このような流れでバルセロナでは、パリなどで起きていた「アール・ヌーヴォー」と同じ時期に「モデルニスモ」と呼ばれる芸術運動が起きる。ガウディもその運動の立役者の一人だ。

モデルニスモはただの芸術運動ではない。ここにはカタルーニャ人たちの、伝統を取り戻すという決意が込められている。むしろ社会運動といったほうがいいかもしれない。風土的な民族の団結が壊され、他と同じような大都市へと変貌していく社会の動きに芸術でもって抵抗する。ガウディの反骨精神と自然への讃歌が入り交じった複雑な建築精神は、このモデルニスモ運動を生み出したカタルーニャの血から湧き出てきたものだ。

未完の建築

1883年、31歳だったガウディは140年以上たった今も建設が続くことになるサグラダ・ファミリア聖堂の設計を引き受けることになる。何度も行われた設計の変更、ガウディ自身の思考の変化によってサグラダ・ファミリア聖堂の建設は、その「建設」という行為自体が

グエル公園は歪な形が満載の過剰な建築空間に見えるが、その中に身を置いてみると不思議なことにとても静かな気持ちになる。それもそのはず、グエルとガウディはここを新しい理想都市にしようと試みていた。

岩石でできた回廊でしばし休憩する。人間の手で造られたはずのこの公園は、なぜか強い自然の力を感じる。ガウディはそのような魔法をしっかりと思考を練ることでつくり出している。

カサ・バトリョ。竜を想起させる屋根や特徴的なバルコニーの造形はガウディによるもの。

一つの生物のようになっていった。次第にガウディは近代建築の可能性を探っていく方向性を捨て、この宗教建築であるサグラダ・ファミリア聖堂建設だけに絞るようになる。それが彼の最晩年の姿であった。みすぼらしい格好で、教会に住み込み、毎日、設計を継続していく。ほとんど祈りのような活動を行っていくのだ。

しかし、ガウディは電車にひかれるという不慮の事故で、73歳で亡くなってしまう。空にまで届きそうなほど垂直に延びる塔、これまでのさまざまな実験、見てきた図像、体験してきた手触り、考え続けてきた思考の軌跡すべてを注ぎ込んだサグラダ・ファミリア聖堂は今も未完で、ガウディ亡き後も建設が続けられている。聖堂の前に立った僕は、そこで働く職人たちの姿を見ながら、この聖堂はずっと未完のほうがいいと感じてしまった。人びとが建築へ向けて、最高の技術、アイデアを注ぎながら毎日少しずつ変化していく。その変化こそ、ガウディが示そうとした「生」の姿に思えるからだ。

ガウディは一貫して自分が生まれ育ったカタルーニャ文化を守りつつ、新しく再生させることを信条としていた。

この生き方は大学で建築を学んでいた頃の僕にとっては、不可解なことでもあった。しかし、今、このガウディの人生を身にしみて感じる。僕も２０１１年、東京を離れて生まれ育った熊本に戻り、そこで文化運動を起こさなくてはと思っている。モデルニスモは今こそ、僕たちに生きるヒントを提供してくれるはずだ。

サグラダ・ファミリア聖堂内に聳え立つ鐘楼の一つを上っていく。螺旋階段を進むと下から風が吹き込んでくる。階段室の小さな煉瓦窓はまるでリコーダーの穴のようにも見えてくる。サグラダ・ファミリア聖堂はバルセロナ市民たちの精神的な拠り所となる暖炉のような役目を果たしているが、ガウディはそれを重たいカテドラルとしてではなく、人間が行為することで初めて創造となりうる楽器として設計した。僕は風を感じながら、一つの音になったような気分で鐘楼の小さな窓からバルセロナの街を眺めた。アントニ・ガウディのような世界でも稀な創造性を持った建築家が生まれたカタルーニャという土壌は一体どんなものなのか。街を遠目に見ながら、僕はふとそんなことを考えた。時間を飛び越えて、未来を照射するような創造を生み出した芸術家は決して偶然には生まれ出てこない。必ずや歴史の必然がある。

実際に建築に触れると、そこにはまた次の旅への問いが隠されている。

グエル公園の中央広場２階ベンチからバルセロナの中心部を眺める。遠くには地中海が見える。

ガウディへの嫉妬

僕はサグラダ・ファミリア聖堂から一本まっすぐ北に延びるガウディ通りの奥に建築物を見つけた。周りの人に聞いてみると、どうやらそれは「サン・パウ」という名の病院であるということだった。設計者はリュイス・ドメネク・イ・モンタネール(1850－1923)という建築家。しかも、1902年から1930年にかけて建設されており、時期もガウディが活躍していた時期と重なる。世界遺産にも登録されているという。違う建築家の巨大な作品がちょうど向かい合わせになっているシチュエーションは見たことがない。不思議な顔をしていると、バルセロナに住んでいる友人は「ガウディが設計していたサグラダ・ファミリア聖堂の壮大さに嫉妬し、負けられないと思ってわざわざ正面に造ったのよ」と言う。僕はこの取材が、ガウディ建築の旅から、その時代にバルセロナを彩った芸術運動モデルニスモを巡る旅へと変貌していることを感じ取り、すぐさま階段を下りて、ガウディ通りへと出た。まず向かうは、サン・パウ病院。ガウディへの謎は、バルセロナという街全体、そして、その土地が持つ歴史と文化への興味の芽を生み出した。

サグラダ・ファミリア聖堂からガウディ通りを歩いていくと、次第に先ほど見えていたサン・パウ病院の全貌が見えてくる。サグラダ・ファミリア聖堂ほどの建築はなかなか見られないだろうと高をくくっていた僕は驚いてしまった。様式はまるで違うけれども、勝るとも劣らない豪華絢爛な入口の外観を見て、ここを病院だと思う人はあまりいないだろう。病院を造るというよりもむしろガウディのサグラダ・ファミリア聖堂に負けない建築を造ろうという意気込みを感じるほどだ。それもそのはず、ドメネクはなんと19世紀末から20世紀初頭にかけての当時、ガウディよりも遥かに著名な建築家だったのである。彼こそカタルーニャの文化を守るための芸術運動「モデルニスモ」の中心人物だった。

ドメネクの思い

サン・パウ病院の中に入ってみよう。サグラダ・ファミリア聖堂とはっきりと違うことは、サグラダ・ファミリア聖堂が空を突き抜け、宇宙へと飛び出さんばかりに垂直に聳え立っているのに対して、サン・パウ病院は徹底して水平に蔦のように広がっていることだ。イスラム、ゴシック、バロックなど様々な意匠が彩る豪勢な入口を抜けると、そこにはまるで一つの小さな都市のような穏やかな空間が広がっている。それはガウディ建築への批評行為のようにも僕には感じられた。本来ならばすべて繋がっているべき病棟が、街の家々のように点在し、それらは院内感染を防ぐためにすべて地下道で繋がっているのだ。今から１００年近く前の建築である。

徹底して個を守り、それを磨き上げ芸術性を高めていくガウディに対して、本

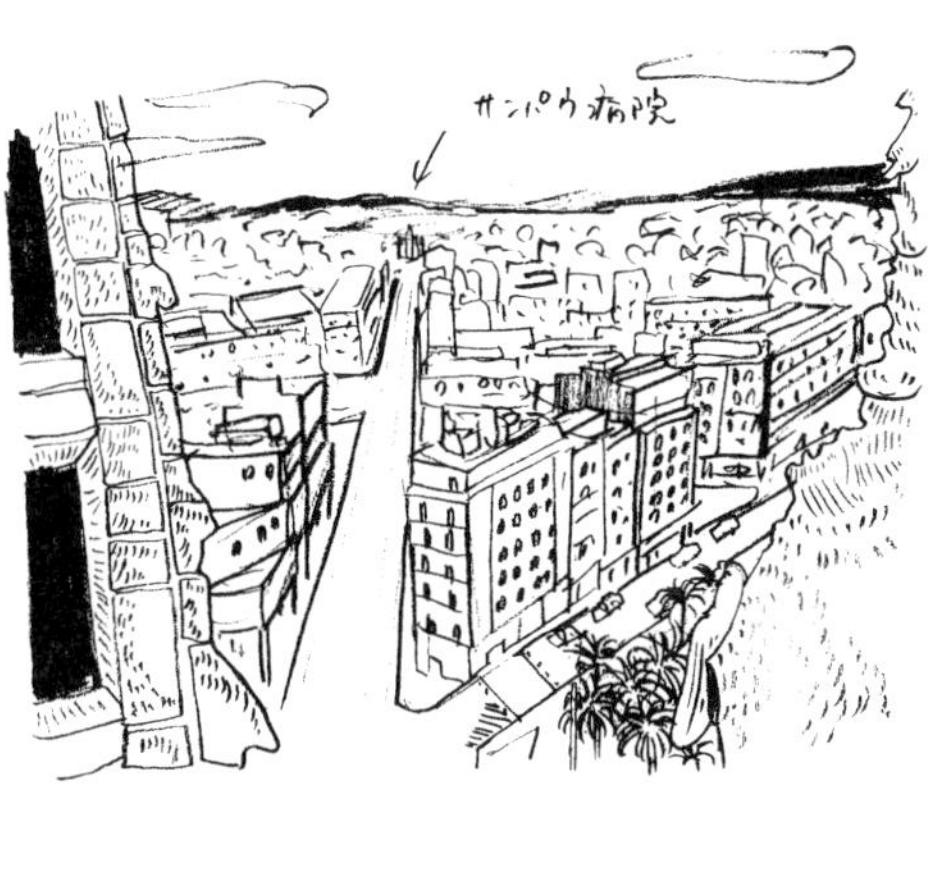

サグラダ・ファミリア聖堂から見た風景。目の前を走る一本道がサン・パウ病院まで繋がっているのだが、くしくも今この通りは「ガウディ通り」と名づけられてしまっている。

質的な建築家というものは公共性こそが重要なのだと言わんばかりである。同時期に建設されていたグエル公園へのライバル心を剥き出しにしているのかもしれない。グエルという特定のパトロンと共に個の力で創造を爆発させていたガウディの姿に焦りながらも、やはりドメネクは人びとのために、都市のために、カタルーニャという文化のために生命を捧げている。実際に後年、ドメネクは立候補し、政治家にまでなった。

サン・パウ病院は完成するまで28年かかっている。途中、息子の建築家ペラに設計を任せたりもしているところを見ると、やはりガウディの設計態度が気になっていたのかもしれないなどと考えてしまう。芸術家自身が一番自分の才能のことを理解している。人から奇異な目で見られている貧しい格好をしたガウディが聖堂の設計に邁進している姿を見て、当時、一番仕事もあり、権威も持ち、街の人びとから称賛されていたドメネクこそが、最もガウディの仕事を本質的に理解していたのではないかと僕はふと思う。

モデルニスモとカタルーニャ

ドメネクは、父親が街の貧しい銅板器具職人だったガウディとは違い、上流階級だった製本業者の息子として生まれる。若い頃から将来を有望視され、次第にバルセロナの都市の発展を願うようになった彼は、考古学や紋章学など歴史全般に興味を持ちながらも、当時最も権威の

ドメネク・イ・モンタネールはモデルニスモ時代、一番バルセロナ市民から称賛を受けていた建築家であった。ガウディは彼の陰に隠れていたといっても過言ではない。バルセロナ建築学校の学長も務め、政治家にもなるなどバルセロナにすべてを捧げた人生を送った。

あったマドリード建築学校へと進学し、建築家を目指すようになる。世界中を旅行し、さまざまな建築物に触れる。このあたりは貧しかったガウディとは正反対の人生を歩んでいる。ガウディが内気で貧しく自らの内なる芸術を掘り下げることしかできなかったのに対して、ドメネクは積極的に世界中へと目を向け、さらに個人的にというよりもバルセロナという都市全体を発展させるべく建築の修業を積んでいった。

モデルニスモとは19世紀末にバルセロナを中心として興った芸術様式である。フランス、ベルギーではアール・ヌーヴォーが流行した時期と言えばわかりやすいだろうか。モデルニスモはカタルーニャ地方で起きたアール・ヌーヴォーと形容されることもある。自然を模した有機的なデザイン、建築から出版物まで生活に関することすべてを網羅するデザイン行為は確かに共通点も多い。しかし、モデルニスモには他の芸術様式とは決定的に違うところがある。それはカタルーニャの持つ歴史と固く繋がっていることだ。何度も政治に翻弄され、民族が分断され、文化を故意に衰退させられてきた歴史を持つカタルーニャは昨今の世界情勢などを見てもわかるように、今も独立を願っている。このときも同じように彼らはスペインからの独立を考えていた。そのための「芸術」なのである。つまり、モデルニスモはアール・ヌーヴォーを代表する世紀末の芸術様式と違い、徹底して芸術を中心とした文化復興運動なのだ。ドメネクはそのことを常に意識してきた。一方、ガウディはカタルーニャ独自の文化を守るべきだという思想は持っていたが、それだけでなく、人間が本来持つ自然との親和性、かつ自然そのものから学ぶという姿勢、さらにはもっと深遠な見えないもの、神のようなものを軸に芸術を生み出していた。芸術は残酷なものである。街の発展のために命を削ったドメネクを今、知る人は多くない。同時代に生きる人びとから嘲笑されてもひたむきに突き進み、未来へ伝言をつくり続けた孤独な芸術だけが、長い時間を経ても生き残るのだ。

過剰な叫び

モデルニスモのことをもう少し考えてみたいと思った僕は、当時からあるカフェ「四匹の猫」へと向かった。ドメネクの後継者のような存在である建築家ジュゼップ・プーチ・イ・カダファルクの設計した建物の1階にあるこのカフェは、ピカソをはじめ、バルセロナ在住の芸術家たちがこぞって集まって夜な夜な芸術談議をするようなサロンであった。建物の内装から当時の面影をまだ感じることができる。壁にはドメネクの建築にも参加している画家ラモン・カザスによる《二人乗りの自転車》が。ガウディが孤独に作業を進めている中、ドメネクは芸術家たちを繋ぎ、さらに活躍させるフィクサーのような役目も果たしていたのかもしれない。ガウディが創造性を爆発させる土壌には実はこんな陰の立役者がいたのである。

その後、ドメネクのカタルーニャに対する思いが頂点に達した作品『カタルーニャ音楽堂』へ。初めて目の当たりにしたときは「新宿の歌舞伎町?」と思ったほど過剰な装飾で埋め尽くされている。柱一本一本からすべて違うデザインで、あらゆる細部にドメネクのモデルニスモに対

上／サン・パウ病院。病院内はユートピアの町のように穏やかでどこか幻を見ているよう。

下／病院とは思えないほど華麗な内装。素敵なタイルやレリーフがちりばめられている。一見、騒がしいのかなと思うが、天井の淡いピンクと大きなガラス窓から入ってくる光が穏やかな気持ちにさせてくれる。

する思いが染み込んでいる。多くのバルセロナの芸術家たちが総動員されたモデルニスモ図鑑のような建築物だ。しかも、外観で驚いてはいけない。内部の大ホールに入ると、ドメネクの過剰さはビッグバンを起こす寸前のような感極まった様相を呈する。大ホールの天井全面を覆うステンドグラスはまるで溶けた鉄のように観客席のほうに垂れ下がっている。バルセロナ建築学校学長にもなり、数多《あまた》の協会の理事長を任せられ、政治家にまでなったドメネクも、本当はガウディのように芸術だけに身を捧げたかったのかもしれない。その叫びが今も生々しくここには残っている。その叫びが届いたのか、この音楽堂は今もクラシックから現代音楽まで幅広い音楽家たちに愛用され、バルセロナ市民の音楽の喜びを演出しているという。

バルセロナで感じる日本

夜は『ホテル・エスパーニャ』へ。ここは19世紀の建造物なのだが、ホテル内のレストラン「フォンダ・エスパーニャ」のスペースはドメネクがインテリアを担当している。夕食を共にしたのは、モデルニスモの研究も行っている歴史家のリカル・ブルさん。美味しい料理を食べながら、和気あいあいと雑談をしたが、少しずつ僕の気持ちが変化し、食事どころじゃなくなっていった。彼はモデルニスモだけでなく、当時輸入されていた日本の浮世絵の研究も行っていて、春画の展覧会のキュレーションも担当したことがあるという。彼が言うには、モデルニスモにもジャポニスムの多大な影響があるそうなのだ。そう言うと、リカルさんは席を立ち、僕をホテルの待合室へと案内してくれた。そこの壁に描かれていたのは、先ほどカフェ「四匹の猫」で見たラモン・カザスによる海の絵。しかし、それはどこからどう見ても葛飾北斎の富嶽三十六景《神奈川沖浪裏》であった。他にも北斎の描いた海洋生物のような絵が模写されている。彼の話によると、ガウディの初期作品『カサ・ビセンス』には、雨戸・戸袋があり、これも日本文化の影響があるのではないかと見ているとのこと。

次々と近代化が進んでいた当時、鎖国していた日本で勝手に増殖していた文化の強度にモデルニスモの作家たちも衝撃を受けたのかもしれない。そして現代、僕たちはバルセロナに残る19世紀末の建築からこれからの未来の在り方や、近代以前の文化を持ちながら、技術を的確に利用していくという新しい生き方のヒントをもらう。興味本位ではじまったガウディ建築の旅は文化復興運動の意味を探る旅を経て、日本人にとっての原点回帰の旅へと様変わりしていった。

第三の男

食事も終わり、デザートを食べているとき、リカルさんはある建築家の話をはじめた。完全にオリジナルで孤高の人だと考えられてきたガウディが実はそうではなく、若い才能を認めることのできる目利きの人であったことがわかってきたとのこと。カサ・ミラ、グエル公園など世界にも類を見ない幻想的かつ独創的な作品は、実はその建築家によって生まれたと言っても

建築家ドメネクのすべてが詰まっている宝箱のようなカタルーニャ音楽堂。モデルニスモ時代にバルセロナで活躍した多くの芸術家や職人たちの仕事が集結されている。当時の最新建築技術と、過去から培われてきたカタルーニャの文化が豪快に織り交ぜられた破格の建築だ。

外観の壮大な装飾に驚きながら、ホールへと入っていくとさらに度肝を抜かれる。こんな劇場を僕は見たことがない。内側にはさらに混沌とした芸術の粋が詰め込まれていた。カタルーニャ文化を自分たちで復興していくのだという強い意識を感じる。

カタルーニャ音楽堂の天井部分を下から見上げた様子。まるで雫が落ちてくるような、溶けた鉄がどろりと垂れているような、燃える太陽のような熱量を感じる。モデルニスモ文化の結晶そのもの。

過言ではないという。政治家となって文化を守ろうとしたドメネク、その土壌のおかげで孤高のまま芸術に専念することができたガウディ。この二人によって発展していったと思い込んでいたモデルニスモに第三の男の気配が立ち上がってきた。リカルさんの話を聞いていると、その存在が遠く21世紀の未来の建築の在り方を指し示しているように感じた。その男の名は、ジュゼップ・マリア・ジュジョール。

旧市街地の路地に入ると、洗濯物が干されているのどかなバルセロナの空気を感じることができる。何百年も前から変わらずに時間が流れているような不思議な空間であった。住んでみたい。

ガウディの右腕

僕が高校生のときに影響を受けた建築家アントニ・ガウディ。今もカタルーニャ地方の街を生き生きとさせている誰もが知るこの建築家はいかにして生まれ、彼のまるで自然の一部のような建築物の発想の源は一体何だったのか。そんな謎に迫るため訪れたバルセロナのガウディ建築群を見ていくうちに、異様とも思える彼のアイデアの根幹にはカタルーニャ地方独特の文化が基になっていることがわかってきた。当時のバルセロナにはガウディだけでなく、多くのカタルーニャ人芸術家たちが「モデルニスモ」という芸術運動を起こしていたこともわかった。これはただの芸術運動ではなく、カタルーニャ文化復興のための運動であった。今も空高く聳え立つサグラダ・ファミリア聖堂のように、巨大な樹木のようなガウディ建築は、このモデルニスモという豊潤な土壌の中から少しずつ芽を出して育っていったのである。

しかし、その中でもガウディの建築物だけはモデルニスモという芸術運動を通り越して21世紀、そして未来をも照射しているように感じるのはなぜだろう。そんなとき、現れたジュゼップ・マリア・ジュジョール（１８７９－１９４９）。ガウディの仕事に一番脂が乗っているとき、彼の右腕として多くの意匠設計を担当したのがジュジョールだという。なぜガウディ建築は人びとにインスピレーションを与え続けるのかという謎を明らかにするかもしれないヒントを獲

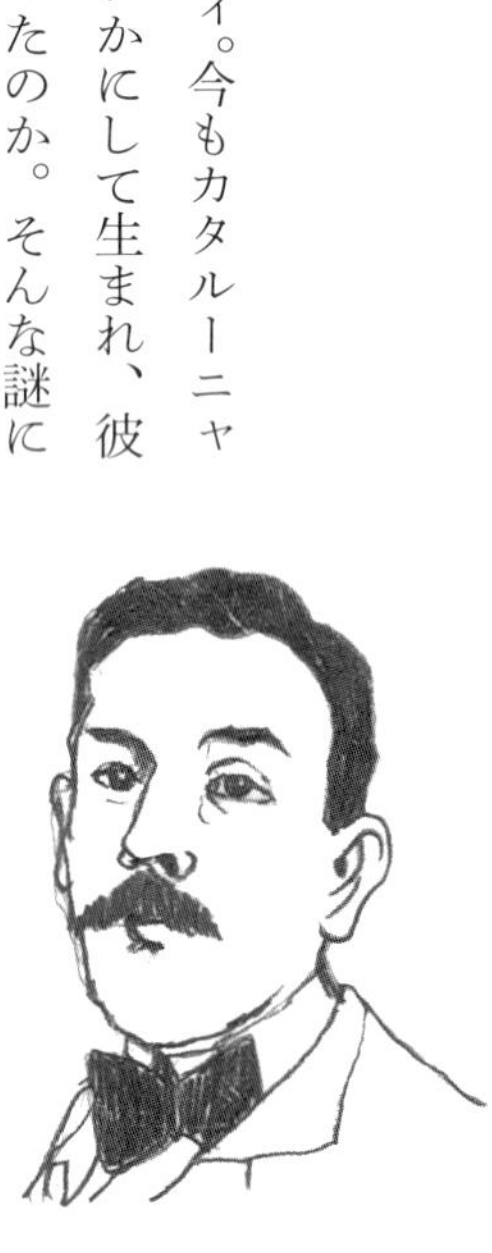

ジュゼップ・マリア・ジュジョール。1879年、ガウディと同じくカタルーニャ州タラゴナに生まれる。モデルニスモ全盛期から少し遅れた世代のため、長く忘れられた存在であったが、近年、ガウディ建築に貢献した希少な才能を持つ芸術家として再評価されている。

得した僕は、ジュジョールが初めて設計者として関わったガウディ建築であるカサ・バトリョへ再び戻った。

ジュジョールという謎

カサ・バトリョでジュジョールが主に担当した箇所は壁面デザイン。僕はまさにこの壁面の写真を見て衝撃を受けたのである。もしかしたら、僕はガウディではなく、実はジュジョールの影響を受けていたのかもしれない。そんな不思議な謎解きの歩みは、目に映るバルセロナの街を一変させていく。自然を模した造形が特徴的な他のガウディ建築と違い、カサ・バトリョの壁面は非常に抽象的な意匠である。元々、何の変哲もないアパートを改築しているということもあるが、壁面は緩やかに波打っているだけで、あとは何の造作もない。だが、その壁面に散らばる粉砕されたガラス片による装飾がペンキを飛び散らせたようにも、細胞を電子顕微鏡で見た画のようにも、宇宙空間に浮かぶ銀河のようにも見えてくるのだ。両目に取り付けられたツマミで拡大・縮小をランダムに行っているような不思議な感覚になる。それは建築デザインというよりも、カンディンスキーの抽象絵画のような奥行きを持っている。

抽象絵画はカンディンスキーやフランティシェク・クプカなどによってはじまり、その発祥は１９１０年頃だといわれているが、ジュジョールは１９０６年に設計に関わりはじめた。絵画であれば一人で実践することができるが、建築の場合は基本的に依頼された案件で、しかも、いくつもの工程を踏むため、このようなデザインはかなり困難だ。それを実現したジュジョールとは一体、何者なのか。建築の実物を見れば見るほど、謎は大きく広がっていく。

ガウディに発掘された才能

ジュジョールはドメネクが学長として主導していたバルセロナ建築学校で学んでいる。当初は、ガウディではなく、好敵手ドメネクのもとで学んでいたのだ。製図能力だけでなく、独創的なデザイン能力を発揮したため、学生のときから建築事務所で設計を担当することになる。そのときに作品を見たガウディが、彼の才能を直感し、すぐに自分のところで働くよう誘ったという。そこで僕は彼が学生時代に設計した初めての建築作品である『アテネウ・バルセロネス』へ向かうことにした。

アテネウ・バルセロネスは文化人が集まるサロンである。ジュジョールは18世紀に建てられたこの建築を15世紀風に戻すという修復工事を担当したのだ。僕は中に入るなり、一体、自分がいつの時代の建築の中に迷い込んでしまったのかわからなくなってしまった。それくらい内装は懐かしく、かつとても斬新なデザインだったのである。家具や書棚はとても硬質な歴史のある書庫という趣なのだが、部屋を仕切る壁が全面ガラスになっており、まるで未来都市のような雰囲気。かといって、無機質な意匠なのではなく、近くに寄ると鍛冶職人が丁寧に仕上げた鉄製の窓枠には愛嬌が溢れている。20世紀初頭にこの建築を体験した人はその斬新さに驚いたのではないか。

ガウディは人付き合いに興味がなかったらしいのでこの文化サロンには近づかなかったはずだ。それでも、新しい建築家の卵を見るために向かったガウディの姿を想像するのは楽しい。そして、その後すぐにカサ・バトリョの設計を任せるわけだから、初めて出会ったときの共鳴音はとても素敵な音楽のようだったに違いない。

これまでガウディ建築に憧れて、弟子入りを志願してきた若者と違い、ジュジョールは最初から独自の創造性を発揮していたことがこの建築から窺える。続いて、ガウディの最高傑作の一つである『カサ・ミラ』の鉄製手摺りと天井の漆喰による仕上げのデザインを担当する。それ以降、ジュジョールは次々とガウディの重要な仕事の設計を任されることになっていく。

実は共作だった!

ガウディ建築の代名詞のようになっているグエル公園にもジュジョールは大きく関わっている。むしろ共作と言ってもよいくらいではないだろうか。グエル公園の一番の目玉である空中庭園のある中央広場の天井装飾と2階ベンチのデザインをすべて担当しているのだ。グエル公園だけでなく、カサ・バトリョ

秘密基地のようなアテネウ・バルセロネスの2階部分。幾何学的なデザインなのだが、近くに寄ったり手で触れたりすると人間の手で造った複雑さが仄かに感じられて温かい。

ガウディとの運命的な出会いを果たすことになるきっかけをつくったアテネウ・バルセロネス。後にカサ・バトリョ、カサ・ミラなどガウディの傑作で開花する技術の萌芽を既に見ることができる。

の壁面、カサ・ミラの手摺りもそうだが、ガウディ建築の肝だと思っていた部分の多くがジュジョールの発想によるものだということが最近わかってきている。もちろん、ガウディとグエルという関係がなければ生まれなかったものだし、ガウディの総合プロデューサーとしての手腕がすごいものだという事実はあるのだが、ジュジョールがただのスタッフというわけではないことだけは確かである。

ジュジョールはゴミとして処理され捨てられるはずだったタイルやガラスを粉砕して再利用している。カサ・バトリョで実験したことをさらに発展させて、より立体的に構成しているのだ。粉砕されたタイルやガラスを再利用すること自体はガウディが発案した方法だったが、色彩への才能が爆発しているジュジョールがさらにその方法論を発展させ、一つの宇宙をつくり出した。

グエル公園は壮大な建築計画によって形成されている。ガウディは建築の形態を具体的に露わにする。どんな生物の形を模しているのか一目瞭然なのだ。それに対してジュジョールは、一見しても何の模様なのかわからない。いやずっと凝視していても、頭に浮かぶ形状は常に変化してしまうので固定したイメージを持つことができない。しかし、それは人を煙に巻くような存在ではなく、色彩豊かでユーモアがたっぷり感じられるので、見る人の際限のない創造力が喚起されるのだ。

今甦るジュジョールの創造力

ジュジョールの才能はガウディを凌ぐものであった可能性がある。しかもそれは建築だけでなく、あらゆる芸術においてだった可能性すら感じる。だからこそ、ガウディは敬意を払って若いジュジョールにチャンスを与え続け、傑作が生まれた。ジュジョールはモデルニスモではくくれない自由な表現方法を探っていた。ガウディをはじめとしたモデルニスモの芸術家と一線を画していたのは、ジュジョールは自然からインスピレーションを受けつつも、徹底して、自分の手で、ペンを動かし、体を動かし、この世界にはない新しい造形を生み出そうと試みていたところにあると僕は感じた。その未来への創造の細胞が、ガウディ建築の至るところに染み込んでいる。だからこそ、ガウディ建築は時代を超えて人の心を揺り動かす作品になっているのかもしれない。

しかし、ガウディの死後、グエルのようなブルジョワの支援を受けているわけではなかったジュジョールは、その創造性をバルセロナの街に提供する機会をほとんど失ってしまう。ガウディというリーダーがいることで成立していたのだ。モデルニスモという運動自体が閉塞していくにつれ、ジュジョールの行動も活発さを失っていく。

僕は最後に、現在、バルセロナ市内に残る数少ないジュジョール建築の一つであ

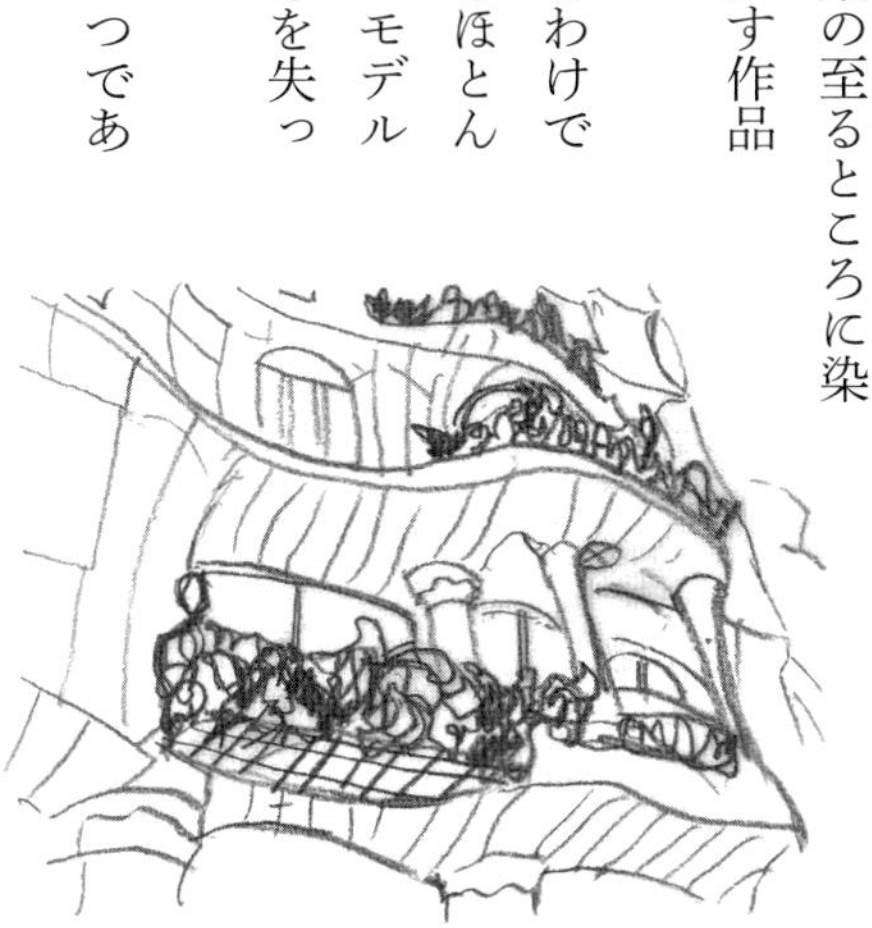

カサ・ミラのバルコニー部分の手摺り。ジュジョールのデザインは形が抽象的すぎて、凝視すると頭がこんがらがってくるのだが、不思議なことに遠くから見ると非常にまとまっている印象を受ける。この矛盾がジュジョール作品の醍醐味である。

上／ガウディが編み出した、粉砕タイルガラスの再利用という建設手法は、ジュジョールによって全く新しい可能性を生み出した。グエル公園中央広場の２階ベンチでは、ジュジョールの創造性全開の自由な世界が楽しめる。

下／カサ・ミラのガウディの代名詞ともいえる天井の漆喰仕上げも、現在ではジュジョールによるものだったと判明している。胎内のようにも、さざ波のようにも、風を表現しているようにも見える。

モデルニスモ衰退と共に仕事を失っていったジュジョールがバルセロナに残した数少ない建築作品の一つカサ・プラネイス。若い頃の爆発する創造性は影を潜めているが、中に入ると、細部にはまだ彼の芸術の残り火が今も燃えている。

る『カサ・プラネイス』へと向かった。ここは今も集合住宅として使われているため一般公開はなく、ガウディ建築と違い、観光客はここを通り過ぎていく。僕は一人でぼんやりと佇み、ジュジョールについて考えていた。すると、2階で仕事をしている男性と目が合ったのだ。しばらく見ていると、下に降りてきてくれた。僕がガウディとジュジョールの関係について考えながら旅をしていると伝えると、特別に中に入っていいよと言ってくれた。

カサ・プラネイスはガウディと一緒に仕事をしていたときと同じ人かと思うほど質素な建築だった。しかし、外観はカサ・ミラを感じさせるものだし、鉄の窓のデザインや、間取りなどの細部にはジュジョールの熱がまだ残っている。今、バルセロナの若いデザイナーや芸術家たちの間では、ジュジョールの創造性に対して再評価を与える動きが出ているという。芸術家が未来へ放った手紙は永遠に消えないのだ。そんなことを実感した。

日が暮れてきた。おかげで気合の入った僕は、お礼を伝え、その場を去り、パエリアが美味しいと街の人に聞いたレストランで最後の晩餐をするために海のほうへと向かった。

ガウディという風

高校時代にアントニ・ガウディから受け取ったインスピレーションからはじまったこのバルセロナへの旅。20年経って初めて見た本物のガウディ建築。ほとんど予備知識なくスタートしたこの旅も、終わってみれば、謎がちりばめられたスリリングな物語と化していた。ガウディは珍奇なおどろおどろおどろしい建築家に見えるが、彼は自分の死後も自分たちの文化を守るために創造性を持つことを忘れるなという伝言を建築の中に忍び込ませていたのだ。時が経つと古びてしまうものではなく、いつまでも新鮮な風を吹かせる芸術をつくろうとした。忘れられていたジュジョールという才能は、そんなガウディという風に乗って未来へと飛ばされた。

カヴァを飲みながら、イカスミのパエリアを食べる。日はもうすぐ完全に沈む。茜色に強く光る空を見ていると「自然を模すのではなく、自然と合一し、人間自らの創造性を拡張せよ」という先人の声が耳に触れた。

都市の治療としての建築

フリーデンスライヒ・フンダートヴァッサー

ヴァルトシュピラーレはドイツ語で「森の螺旋」を意味する。森を螺旋状に空へと延ばし、その地面の下に人間が暮らす空間を創出したイメージなのだろうか。彼の遺作であり、彼の思想が受け入れられたことを示す重要な作品だ。

高校生のときに感じた自由を求めて

高校生のとき、建築家になりたいと思っていた僕は、図書館へ行っては建築関係の本を探っていた。同時代の現代建築にはあまり関心を持てなかったのだが、ル・コルビュジエの『ロンシャンの礼拝堂』、ガウディの『カサ・ミラ』、そしてフランスの郵便配達人フェルディナン・シュヴァルが集めた石だけで建てた『シュヴァルの理想宮』などの異色な建築物を見つけ出し、「人間の住まいの在り方はもっと自由に発想していいのだ」と思うようになっていった。芸術家フリーデンスライヒ・フンダートヴァッサー（1928－2000）の建築を知ったのも、ちょうどこのときだ。

壁中に広がっている窓はどれも違う色や大きさで、屋根は芝に覆われ樹木も生い茂り、地面から歩いて上ることができる。それが衝撃的だったのは、当時の僕が思い描いていた夢想の建築の姿に似ていただけでなく、人々が暮らしていたからだ。フンダートヴァッサーは10代の僕が生き方を見つけ出す上での一つの指針だった。

しかし、その後、フンダートヴァッサーに対しての思いは少しずつ変化していく。彼は建築の構造的なものへはほとんど手を出さなかったため、建築家というよりも壁面デザイナーなのではないかとも感じるようになっていったのだ。もちろん、実現している住まいの姿が魅力的に映っているのは変わらない。10代の頃に感じた素直な直感と、常に矛盾にぶつかる現実の狭

フンダートヴァッサーは住む家だけでなく、トレードマークのベレー帽をはじめ、着る服も自分でつくっていた。彼のコラージュした革のサンダルに高校生だった僕は刺激を受けた。

間を剽軽《ひょうきん》な笑みを浮かべながら絶妙なバランスで立っている彼の建築は、これからの住まいの在り方についてぽんと問いを投げかけてくる。僕は、ＢＡＵ（建築）をめぐる冒険のはじまりを感じ、フンダートヴァッサーの生地であるウィーンへ飛んだ。

無数の心地よさ

ウィーンの街並みは、隅々にまで神経が行き渡っていて、まだ街に慣れない僕はつい背筋を伸ばす。通りを抜けると、目の前にはドナウ川。黄色い花が目につく川沿いの散歩道には静かな時間が流れている。気持ちよく歩いていくと、レンガでコラージュされた門柱が見えてきた。写真で見ていたフンダートヴァッサーのモザイクタイルは、格式高いウィーンの街並みには少し派手すぎて合わないのではないかと思っていたが、意外にもまるで建物に繁茂する蔦のように街の空気と共存している。無骨な形をしているが、奇抜には見えず、むしろ周囲のものを集めてつくられた鳥の巣に近いものを感じた。

誘われるように門を潜ると、中庭の奥に壁一面、形の違う窓と白黒タイルが広がる『クンストハウス・ウィーン』が突如現れた。違和感なく吸い込まれていったが、一歩足を踏み入れると、波打つ石畳が土踏まずを軽く刺激してくる。建物全体が生き物みたいに、迷い込んで来た僕を知覚し、くすくすっと笑っているように感じた。建築と出会って、笑い声が聞こえることはなかなかない。しかも、突飛なことをして笑わそうとしているのでもない。変化しないはずのコ

クンストハウス・ウィーンの外観。夏には壁一面が蔦で覆われるという。元々工場だったとは思えないほど豊かな表情を見せるが、不思議と森に入ったかのようにほっと落ち着く。

上／クンストハウス・ウィーン内に併設されているカフェ。植物が家具のように至るところに置かれ、街のオープンテラスでくつろいでいるような開放感がある。

下／どこかの湖畔に立っていそうな家だが、これはクンストハウス・ウィーン屋上にあるフンダートヴァッサーの元住居。庭には彼が造った鳥小屋が見える。洋梨も採れるという。

ンクリート壁が、筋肉のように伸縮を繰り返している――そんな動きを感じた。気づくと、僕は溶け込んでいたはずの周囲の歴史ある建物たちのことも忘れ、フンダートヴァッサーの空間世界に入り込んでいた。

クンストハウス・ウィーンはフンダートヴァッサーの絵画作品を中心に展示している美術館である。元・家具工場を改築し、１９９１年に完成した。彼がスケッチ、模型などでつくり出したイメージを基に、建築家のペーター・ペリカンが設計を行った。美術館と言いつつも、ここには若い芸術家のためのアトリエ、カフェレストラン、中庭・壁面・屋上と連なる庭、屋上にはフンダートヴァッサーの住まいまであり、それらすべての空間が彼自身によって創造されている。芸術家にも建築家にもここまですべてを自らの手でつくり出そうとした人はいない。

彼はここにユートピアをつくろうとしたのだろうか。しかし、不思議なことに芸術家一人の思想だけが詰まっているというような息苦しさはない。むしろ、こんなパブリックな場所があれば豊かだろうなと思わせてくれる風通しのよさがある。それはどこからくるのだろうかと考えながら、中に入って見てみることに。

館内に入ると、中庭から続くうねった地面が全体を覆っている。階段も波打っているのだが、不思議と歩きやすい。所々廃材が転用された手摺りを伝って、2階の展示室へ。2、3階がフンダートヴァッサーの作品が展示されている部屋になっていた。初期の頃から建築を造るようになるまでの変遷をたどっていくことができる。

田園風景の微妙な色の差異に関心を持ち、テーブルにかかる布の皺に街の気配を感じ、植物を未来のビルのように見立てたりしている。一見すると、後の作風とはまるで違う印象も受けるのだが、それらの絵から僕は彼が植物的な合理性のようなものを探し出そうとしているように感じた。

人間にとっての合理的なものとは、近代建築に表れているように、効率よく、壊れないもの。しかし、植物はそんなわけにはいかない。いつ踏みつぶされるかわからないし、日光を求めて生き方を日々変化させる必要がある。植物だけでなく、水には水の、風には風の、虫には虫の合理性がある。

エレベーターで屋上に上がって、彼が暮らしていた空間を見せてもらう。低い天井だが2階建てで、床は傾き、迷路のように入り組んでいる。ところが、初めて歩くはずなのに、懐かしい感触を味わい体が喜んでいる。やはりここも奇抜というよりも、動物のねぐらのような合理性が颯爽と表現されていた。

フンダートヴァッサーは近代建築の在り方をただ批判していたのではなく、人間にとっての「心地よさ」みたいなものは他にも無数にあるのだと示そうとしているように感じた。波打つ地面を歩いていても、邪魔されているとは感じずに、こういう歩き方をこれまでの日々でも体験していたんだと新鮮に思い出すことができるのは、彼のそんな思考によるところが大きいのだろう。

フンダートヴァッサー・ハウスの外観。色をまぜた漆喰塗りの壁は、時間の経過と共に、街に馴染んでいた。造った形跡が細部に詰め込まれているので巨大な建築なのに愛嬌がある。

既製の部材で建てられたとは思えないこの温かい空間は、職人たち独自の創造力によるところが大きい。フンダートヴァッサーは彼らが自由に発想できるような環境をつくり出した。

この建築は、市営住宅とは思えないデザインのため、建設当時はかなり批判されたという。

フンダートヴァッサー・ハウス

次に僕が向かったのは、ウィーンにあるもう一つの彼の重要な建築作品『フンダートヴァッサー・ハウス』だ。1972年にテレビ番組で植物と共生する集合住宅を造りたいという夢を語ったフンダートヴァッサーに関心を持ったウィーン市長が依頼し、14年後に完成したこの建築はなんと市営住宅。建築家ではなく芸術家に公共建築のデザインを任せるなんてことは、現在の日本では到底考えられない。今から40年以上も前に、都市思想家のような態度で行政と仕事をしていたのである。表面的なアイデアだけでは、実現は不可能だろう。かつ、独りよがりにエネルギーを注ぎ込んでも、公共建築は破綻してしまう。しかし、通りからこの集合住宅を一度でも眺めれば、誰しも笑みを浮かべてしまうほど、そのバランス感覚には危うさがない。ウィーンで実際に建築を体験すると、フンダートヴァッサーを芸術家という視点だけで見てしまってはいけないんじゃないかと気づく。一体、フンダートヴァッサーとは何者なのだろうか。

ここは住宅なので残念ながら中に入ることはできない。部屋数は全部で50戸。それぞれに大きさ、形状も違う。市営住宅だろうがお構いなしに、共用の廊下も波打っていれば、廊下の壁は漆喰でできており、子どもたちが自由に落書きしても塗り直すことができるようになっている。段違いの屋根には無数の植物が植えられ、これらの屋上庭園は住民すべてに開放されている。これは「家を建てるときに取り上げた地面は、自然に返却すべきである」という彼の考えが具現化されたものだ。彼は木も同居人であると捉えていた。木々は建築の付属品ではなく、むしろ好き勝手に育っている。それを見ていると、フンダートヴァッサーは植物たちの使いのようにも思えてきた。歩くたびに顔を変えるこの集合住宅のように、フンダートヴァッサー自身の姿が変幻していく。

しかし、彼はただ自由にやっているのではない。それでは建築として成立せず夢想になってしまうからだ。無数にある窓は、数種類の既製品の窓を、位置、壁面の色などを考慮し組み合わせることで、すべて違うように見せる工夫を凝らしている。なんと、この住宅の材料の多くに大量生産の部品が使用されているのだ。一方、壁面や装飾を担う、レンガ積み職人やタイル貼り職人に関しては徹底的に創造力を発揮させたという。それによって予算内に収まらせながらも、細部が永遠に変化していく生き物のような公共建築が実現した。奇跡が集まって生まれたようにしか見えないフンダートヴァッサー・ハウスは、実のところ世界中で建設が可能な、緻密な計算によって成立していた。

廃材や無名の職人や植物たちなどの、20世紀の建築家たちが置き忘れてしまった仲間たちを引き連れて都市に笑いを取り戻そうとするフンダートヴァッサーは、むしろ正統なモダニストなのかもしれない。

植物たちのための建築

フンダートヴァッサー作品に触れ一夜明かしたあと、車を借りた僕は、高速道路で南へ2時間ほど走ったところにある『ログナー・バード・ブルーマウ』へ向かった。一見、何の変哲もない田園風景が広がる小さな村。そんなところにフンダートヴァッサーがデザインを手がけた中でも一番大きな建築が立っているのだ。しかも、誰でも泊まることができる。バードとは、ドイツ語で「温泉」のこと。オーストリアには30か所ほどの温泉地があり、古来、湯治場として人々に愛されてきたという歴史がある。ここもその一つ。

１９７０年代後半から原油や天然ガスなどの資源採取のために掘削を行っていたが、なんと見つかったのは温泉だった。この地を温泉施設の整った休暇村にする計画が持ち上がり、デベロッパーであるロバート・ログナー氏が施設のデザインをフンダートヴァッサーに依頼することに。フンダートヴァッサーは施設の裏にある川を気に入り、ひとしきり泳いだあとに関わることを決めたという。4年間の工事を経て、最終的にはオーストリア唯一の私営の温泉施設となったが、それまでほとんど観光客が集まらず閑散としていたのが嘘のように、今では世界中の人々がバカンスのために訪れる場所となったのだ。

まずは頭を空っぽにして、フンダートヴァッサーの思想が完璧に具現化されたログナー・バード・ブルーマウに足を踏み入れてみよう。

上／ログナー・バード・ブルーマウの中庭中央には、トゥルペン（ユリノキ）という樹が植えられている。ニュージーランドのとある森の中のトゥルペンの根元に、フンダートヴァッサーは今も眠っている。

下／ログナー・バード・ブルーマウの宿泊棟外観。繁茂する植物に埋まるように13戸の建物が点在している。フンダートヴァッサーは芝刈りを禁止したとのことだが、今でも芝刈り機を使わず人の手によって手入れがなされている。

ウィーンで見た、クンストハウスやフンダートヴァッサー・ハウスは都市の中にひっそりと潜んでいるように見えても、ところどころはしっかりと抗《あらが》っていた。しかし、このログナー・バード・ブルーマウにはそれがない。広大な敷地に立っているはずなのだが、存在感がない。門を潜っても、小さな入口からロビーに入ってもただ静かに時間が過ぎていく。建物の中に入った途端、立ち上がってくるフンダートヴァッサー特有の世界観がここではなかなか感じられない。あれっと僕は拍子抜けした。まるで洞窟にでも入り込んでいるような気分で、人間のための建築であるという実感がまるでない。「地面をしばらくの間、少しだけお借りします」と断りをいれているような、ひっそりとした廊下を進み、部屋の中に入ってみた。ところどころフンダートヴァッサー色も感じるが、全体的には落ち着いた内装。しかし、壁に開いた丸窓から晴天の空を眺めると、地面が隆起したような壮大なホテルの断片が姿を現した。それを見て、僕は都市の中ではなく、自然豊かなバード・ブルーマウという村にフンダートヴァッサーがシンパシーを感じ、人間ではなく「植物」たちが持っている創造性を喚起させようとしているのかもしれないと思いドキドキした。そういえば、ウィーンで見たフンダートヴァッサー・ハウスだってそうだった。彼は植物を住民の一人として扱い、屋上すべてを木々のための住まいとしたのだ。バード・ブルーマウの村には、人間による障害がほとんどない。だからこそ、全身全霊を使って、植物のための建築を造ったのだ。僕は静かに興奮し、水着に着替えるとバスローブを羽織り、足早に温泉へと向かった。

湯に浸かる前にぺろりと舐めてみると、少し塩味がした。日本の温泉を想像していたので、驚いたが、ここの温泉の温度は一番熱いところでも40℃（屋外なので実際はもう少し低い）とぬるい。その分、長い間、ゆっくり過ごすことができるというわけだ。窓が並ぶ廊下を歩いていると、森で迷子になっているようにも感じられ、一人の人間として直に自然と触れている実感がある。穏やかな笑顔のスタッフや他の利用者たちとすれ違いながら、心地よい風を感じた。

翌朝、施設内をゆっくりと散歩した。地面からそのままホテルの屋上まで歩いていけるようになっており、温泉に浸かったあと、周辺を散策することで、この建築が伝えようとしていることを体全体で体験できるようになっている。小さな野花一つにも目が行き、呼吸を大事に意識して行うようになる。フンダートヴァッサーはただ近代建築に抵抗していたわけではなく、人間だけが生きているわけではない地球上の動物や植物、鉱物などの声を聴くべきだという、とても素直な精神で芸術をつくり出していたのだと感じた。

シュレバーガルテン

フンダートヴァッサーはウィーンだけでなく、ドイツ、オランダ、アメリカ、ニュージーランドなど多くの都市に建築を残している。元々、テレビ番組の中で語った彼の建築の夢は、次第に現実の世界へと浸透していったのだ。僕は彼の夢の片鱗に触れるため、ウィーンを離れ、次にドイツへ向かうことに。すると、高速道路沿いに童話にでも出てきそうな小屋がひっそりと立ち並んでいる庭園が目に入ってきた。ドイツ在住の通訳にあれは何かと尋ねると「シュレバーガルテン」と呼ばれるドイツ式の市民農園だと言う。それはまさに僕が旅行前に読んだ資料の中でフンダートヴァッサーが「模範的で健全な現代建築」の一つとして挙げた「労働者の割り当て菜園住宅」だったのだ。彼の根源に触れたいと思った僕は、速度を落とし、ハンドルを回しながら高速を降りると、予定を変更しシュレバーガルテンへと向かった。

菜園で週末を家族と過ごしていたロバルト・マイニングさんは、僕が話しかけると小屋の中にも快く案内してくれた。年間で３００ユーロ払えば、誰でも１区画を利用でき、土地は国から借り、小屋だけは約１２００ユーロでそれぞれ購入するそうだ。ここの菜園には現在52軒の小屋があるという。「人参はどのように育つのか」などを子どもたちに教育するために、利用者だけでなく、周辺の住民も誘ってたびたびワークショップなども開かれている。元々は貧しい労働者階級の人たちが自給自足するためにつくられたこの菜園住宅は、今では生きるための資源をつくる畑であるというだけでなく、家族との触れ合い、子どもへの教育の場となっていた。フンダートヴァッサーはこのような一見、なんでもない、しかし、人間が生きのびていくためには必ず必要な自然と触れ合いながら自活する建築空間に大きな影響を受けていたのだ。僕はこれまでの旅で体験してきた「驚き」が、ただの見せかけではなく、人間に必要不可欠な空間を感じたときの「喜び」そのものだったことに気

このドイツ式の菜園付き住宅の文化を、これからますます空き地が増えていく日本に取り入れていったらおもしろくなるのではないか。小屋の大きさも鴨長明がつくった方丈庵のように見える。

付いた。

奇抜さに負けない住む喜び

ドイツのシュトゥットガルト近郊にあるプロヒンゲンという小さな町に入った。スーパーマーケットの地下駐車場に車を停める。なんとその上が、フンダートヴァッサーがデザインした『プロヒンゲン集合住宅』になっているのだ。駐車場、店舗、住宅、庭園が一体化された空間。「プロヒンゲンのシンボルになるような建築を」と市長から依頼された彼は、ランドマークとなる巨大な給水塔をデザインしつつも、小さくて落ち着いた町に合うように、外壁は町の環境と馴染ませるため過度に手を加えず、プライベートな場所に近づくにつれて愉快な造形と色彩豊かな空間で包んでいった。集合住宅の自治会長である

プロヒンゲン集合住宅の中庭。色彩豊かだが、落ち着いた雰囲気を感じ、フンダートヴァッサーが考え抜いて色を選んでいったのだということが肌でわかる。住民たちはとても仲がよく、年に2、3度は中庭でパーティをするという。

ホーフバウワーさんは僕を自宅に招き入れてくれ、ゆっくりと彼の住む建築の素晴らしさを語ってくれた。色彩のおかげで冬の寒くどんよりとした日であっても楽しさが湧いてくるという。住まう人々から建築の奇抜さよりも、生活の中での喜びの声を聞くことができた。ホーフバウワーさんはフンダートヴァッサーに影響を受け、自らフンダートヴァッサーの建築作品のタイルをつくる職人に注文し、内装を手がけていた。フンダートヴァッサーは住まう人にのびのび生きることができる器をただつくるだけでなく、人々の精神をも高めていたのだ。彼の芸術作品が持つエネルギーが、住民の心の中で躍動していた。居間から見る、プロヒンゲン集合住宅の中庭は、外で見た風景と全く違って見えた。

絵画、彫刻、服飾、そして街へ飛び出し、建築へ。まるで蔦のように繁茂するフンダートヴァッサーの芸術、建築とは一体何なのかを体でしっかりと知覚した僕は、ホーフバウワーさんに別れを告げて、彼の精神のさらに根源へと向かうためにドイツに点在している建築と触れるため、再びエンジンをかけた。

生きのびるための技術

プロヒンゲンの集合住宅を後にした僕は、ドイツ国内を北上。フンダートヴァッサーの遺作でもある集合住宅『ヴァルトシュピラーレ』（ドイツ語で「森の螺旋」を意味する）を見るためにダルムシュタットへと向かった。完成は２０００年。この年に、アトリエと住居を構えていたニュージーランドからヨーロッパへと向かうクイーン・エリザベス２の船上で、心臓発作を起こし永眠する。享年72歳だった。最後まで自分の心の赴くままに思考し、それを都市の中で実践に移した稀有な芸術家だった。当然ながら、フンダートヴァッサーはもうこの世にはいないが、彼の残した建築や絵画作品を通して、僕たちは今も彼の息吹を感じることができる。さっそく都市に鬱蒼と茂る森の螺旋という建築を見ていくことにしよう。

ヴァルトシュピラーレは周囲に抗うことなく、穏やかに立っている。12階建て全１０５戸の大きな建築空間とは思えないほど、周辺環境とも共鳴していた。均質な建物が立ち並ぶ近代建築の窮屈さに対する、徹底的な批判からはじまった彼の芸術的行動は、21世紀を迎え、また違う意味を持ちはじめているのかもしれない。

ここには彼の芸術観に対しての、人々による深い理解があるので

顕微鏡で植物を観察中のフンダートヴァッサー。彼にとっての創造とは、幼い頃に感じた自然と人間との合一の瞬間を、再び取り戻すためのトンネル掘りだったように思える。

はないか。だからこそ、建築全体を覆う植物が伸び伸びと育っているように感じた。建築に群がる植栽は少しずつ隆起し、人間の住まいの屋根となって、螺旋を描きながら天に向かっていく。人も屋根の上を歩いて、地面から上層階の屋上まで上ることができるのだ。

フンダートヴァッサーへの地域の理解は、ダルムシュタットという都市のあり方が大きく影響していることも確かだ。ここで１９０１年にドイツで初の国際建築展が開催され、芸術家村が建設された。古くに「都市計画」が行われた土地なのだ。第二次世界大戦が終わって以降、再生を試み、今では文学、芸術、音楽などの研究施設が集まる文化都市に生まれ変わった。

ヴァルトシュピラーレは、まるで人間の手で根こそぎにされた森が時間をかけて再生していくように、時間の動きが螺旋となって表現されていく。フンダートヴァッサー自身の思考の軌跡を、人々が受け入れていくその過程が、建築空間として立体的に刻まれているようにも感じた。建物の真ん中を突き抜ける通りは公共空間になっており、都市の中の森の散策を誰しもが体験できるようになっている。彼が実践したことが、都市に抗う態度としてではなく、徹底して「芸術(art)」の語源でもある「生きのびるための技術(ars)」、つまり人間をよりよく生きさせることであることを、僕たちは散策しながら味わうことができるのだ。

フンダートヴァッサーの芸術

奇抜な建築をデザインしてきた芸術家として、人に知られるようになったフンダートヴァッサーであるが、元々、彼は画家としてスタートした。自然に関心を持ち、咲いている野花の色をそのまま定着させたいと考え、幼い頃から絵を描きはじめる。自分の内なる創造性を爆発させるのではなく、自然と人間が接した瞬間をつかみ取る。彼はそんな実感から行動を開始したのだ。

しかし、そこに戦争の影が忍び寄ってくる。母親がユダヤ系だったため、彼はナチスから逃げるように暮らしたという。都市が持つ暗部に触れた瞬間でもあった。戦後、彼は自分にとっての理想を求めて、長い旅に出る。そしてアフリカの大地で営まれている人間と自然の穏やかな関係性に衝撃を受け、画風を確立していった。

初期の作品をウィーンのクンストハウスで観ることができる。都市のような植物や、カフェのテーブルに掛かる布の一片に自然の風景を発見したりといった、フンダートヴァッサーの曖昧な自然観、人間観は徐々に彼を、「都市でいかに生きるか？」という問いへと向かわせていった。

29歳ですでにノルマンディー地方のラ・ピコディエールという農家を購入している。彼にとって絵画制作と生活空間はつながっており、それらが自身の芸術観として熟成していく。彼は絵画の延長として、テキスタイルへと向かい、靴や帽子などの服飾の制作、そして船、住宅へと関心を広げていく。実践する場は確かに広がったが、彼の思考の核は何も変わらないままだった。

「人間がよりよく生きるためにはどうしたらよいか。植物たちがよりよく生きるためにはどうしたらよいか」

フンダートヴァッサーは、この二つを同時に思考し、実践した。人間本位でなく、かといって自然礼賛でもない。狭間で生きることを余儀なくされた都市で生きるすべての人間にとって、避けることができないにもかかわらず、つい蓋をしてしまう問いについてひたすら考え続けたのだ。問いには必ず、答えなくてはいけない。だからこそ、絵画だけにとどまることなく、実際の都市の中での表現へと変化していった。

都市の医者

続いて車でヘッダーンハイムという地区へ。ここにはフンダートヴァッサー設計の幼稚園『キンダーターゲスシュテッテ・ヘッダーンハイム』がある。横をウィーン近郊の小さな村バード・ブルーマウで見た、彼が泳いだ川に似た小川が流れている。彼にとってはまず依頼内容よりも、建築が立つ場所が重要だった。その空気の粒子こそが、彼の発想のための鉛筆だったのだ。山の中に隠れるような幼稚園は、屋根全体が子どもにとっての遊び場になっている。すべて形の違う部屋が並び、色彩豊かな壁が続く。しかし、それは奇抜なのではなく、むしろ子どもの目には当然の、自然な景色として映っているのではないか。幼稚園の横の静かな遊歩道を散策し、倒れた木や石を踏み小川を渡りながら、ふとそんなことを思った。

フンダートヴァッサーは何も特別なことをしたわけではない。この大地が人間だけのものではなく、むしろ人間は借りている側であり、元々穏やかに暮らしていたはずの植物や虫たちこそ、もっと大事にされるべきだという素直な意見を表現していた。なんと単純かつ当然の考え方だろう。しかし、いつのまにか、人間はそんなことを綺麗さっぱり忘れてしまい、土地を掘り起こし、健やかに暮らすためというよりもより効率のために建築を造ってしまう。フンダートヴァッサーは生涯をかけて、この人間が一度は確信したであろう、自然と人間の関係性の「治療」に取り組んだ。まさに「都市の医者」だった。そして、そんな建築家はこれまで一人も現れたことがない。だからこそ芸術家だった彼は新しい創造としての「建築行為」に向かったのだ。建築家としてではなく、誰しもが持っていた「自然観」を、彼は具現化することで呼び覚まそうとした。幼稚園で走り回る子どもたちを見ながら、彼らがここで育つことの意味を感じた。

ユートピアを超えて

旅も終わりを迎えようとしている。最後に僕はバード・ゾーデン・アム・タウヌスという街にある集合住宅、『フンダートヴァッサー ハウス』へと向かった。ここもバード(温泉)という地名が使われている。つまり、昔からの湯治場だった。さらに、また小川が流れている。ウィーンからはじまった僕のフンダートヴァッサーをめぐる冒険は、まるでこの小川を流れてきたかのように感じた。水の動くままに、身を委ねていく建築の旅は、いつも僕に新しい発想と、作

一見すると古城にも見えるバード・ゾーデン・アム・タウヌスのフンダートヴァッサーハウスは、元々は18世紀、湯治場であったとてつもなく古い建築を改築するところから生まれた。4階まである部屋もあるという。

フンダートヴァッサー建築に触れた人はみな、笑顔になってしまう。そして、つい好きになり、それを人々に伝えていく。その動きもまるで植物がコンクリート壁に繁茂していくさまを思い起こさせる。やはりフンダートヴァッサーは人間が好きで、人間を常に鼓舞しようとしていたのだ。

キンダーターゲスシュテッテ・ヘッダーンハイム。彼は幼い頃の直感のまま、最後まで自分の信念を貫き通した。その意味で幼稚園を造るということに大きな希望を感じたのかもしれない。建築全体が一つの遊び場になっている。

品と直接触れることの重要性を教えてくれる。

この建築は元々、1720年代に建設された療養所だった建物を改築、さらに増築されてできたという点で、フンダートヴァッサーの作品の中でも珍しいものとなっている。湯治場としてもっともにぎわっていた1860年代には作家のトルストイなども訪れていたという。フンダートヴァッサーハウスの前にある公園では今も当時の面影を残す、湧き水が出ている泉がある。

近郊にレンガ工場があり、土地に根ざした建築を目指していたフンダートヴァッサーはそこでつくったレンガを多用することにした。湧き水が出るために地盤が緩んでいるのだが、地下に駐車場を造ることにしてたくさんの柱を立てて補強している。ただのデザインではなく、実用と意匠を兼ね備えている彼の真骨頂だ。

壁は、湧き水をイメージしたのだろうか、水を感じさせる青色のタイルがちりばめられている。中庭を抜けていくと、不思議なことに水中を探索しているような気分になった。至るところに繁茂している約60種類の植物が風で揺れている。

旅の最後の夜は、昔ながらのドイツ居酒屋でチューリップの花を眺めながら、

19世紀末にもっとも栄えていたバード・ゾーデン・アム・タウヌスには、今もところどころに当時の面影が残っている。

ドイツビールにソーセージにステーキ。新しいはずなのに、なぜかいつも懐かしさを感じさせるフンダートヴァッサー建築の効果なのだろうか。夜も更け、食事を終え外に出た僕は、街灯を眺めながら、ここが湯治場として栄えていた頃の風景に溶け込んでいた。彼にとって記憶もまた「自然」と捉えているのかもしれない、とふと思った。

彼は晩年、ニュージーランドの森でひっそりと暮らし、時々、自分でデザインした船で世界中を旅した。死後は、遺言どおりにニュージーランドの家の庭に、棺桶に入らずに裸で埋められ、そこにユリノキが植えられた。墓をつくるのではなく森の一部と化す。人間としてではなく、自然物の一つとして、生を全うした彼ならではの最後の建築作品だと言えるかもしれない。

彼が造り出した建築は、理想だけを追求したユートピアなのではなく、むしろ僕たち人間が戻るべき海、つまりあの幼い頃にすべての人間が実感する自然への感謝だった。そう感じた途端、フンダートヴァッサーハウスがくすっと笑ったような気がした。

死ぬまで格闘を続ける
ライトは

フランク・ロイド・ライト

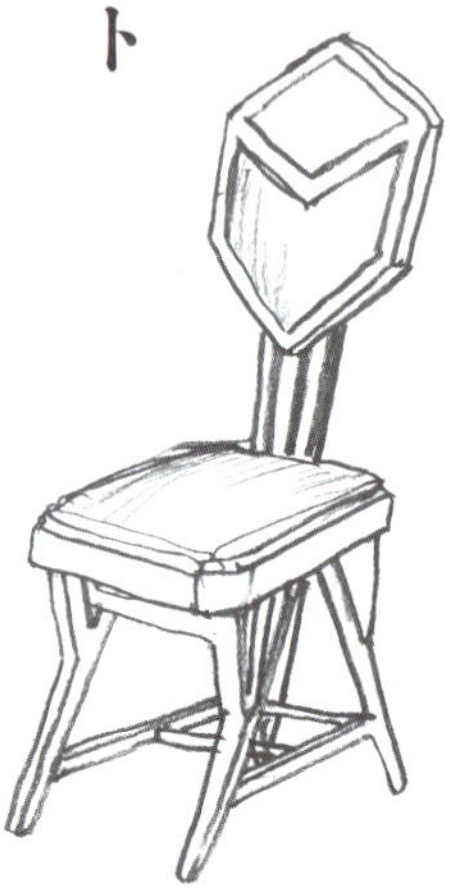

20世紀を代表する最高の住宅といっても過言ではないフランク・ロイド・ライト設計の落水荘を川越しに眺める。まるでこの地にあった古代都市の跡のようだ。

アメリカ・ペンシルヴァニア州南西部の森の中に一軒の住宅が立っている。滝の上に立っているために、宙に浮いているようにすら感じる。これは近代建築の巨匠であるフランク・ロイド・ライト(1867－1959)が設計した『落水荘』という別荘住宅だ。どこかで見たことがある人もいるかもしれない。僕自身も、中学生のときにライトの作品集を見て建築家を志すようになったときからずっと、いつか本物を見てみたいと思っていた。そんな落水荘の空間と流れている時間を味わえるように書いてみたいと思う。いかにしてこの名作が誕生したのか、そして、そこではどんな体験ができるのか。僕は期待を胸に膨らませながら、まずはニューヨークへと向かった。

Fallingwater

ニューヨークで車を借り、600キロほど離れたペンシルヴァニア州南西部へ。ミルランという小さな町にある森の中に入っていくと「Fallingwater(落水荘)」と書かれた看板が見えてくる。「waterfall」だと滝という意味だが、ライトはこの建築の設計をはじめて一番最初に描いたスケッチの中に、すでに「fallingwater」と書いていたという。

落ちていく水。名前からすでに何かが動いている。ビジターセンターを抜けると森の小道が延びていて、木々に囲まれながらゆっくり坂道を下りていく。シャクナゲの葉っぱが鬱蒼と茂っている。夏には白い花がそこらじゅうで咲くそうだ。少しずつ水が流れる音が聞こえてきた。

ベアランと呼ばれる細い川の音だ。さらに近づくと、滝の上に浮かぶ落水荘の姿が。この地域の特徴である大きくゴツゴツとした岩の間を滑り落ちるようにして川が流れている。二つの滝は流れも激しく荒々しい。その岩と滝の上に、広いバルコニーがせり出している。コンクリート製の、しかも長方形の人工的なバルコニーだが、岩と滝という自然と似て野生のように感じた。岩場からそのまま立ち上がっているような石の柱はコンクリートの躯体を突き抜けて空に延びている。写真では何度も見ていた景色だったが、実際に見てみるとそれは近代建築というよりも、秘境を歩いていて突如見つけた洞窟のような気配を漂わせていた。はやる気持ちを落ち着かせながら、僕はさらに近づいてみることにした。

どん底で生み出した最高傑作

フランク・ロイド・ライトは1867年生まれのアメリカ人建築家だ。彼はシカゴの設計事務所で技術を磨くと20代で早々と独立した。従来の古典的な様式を壊し、「プレーリースタイル（草原様式）」と自ら呼んだ、外部の環境を建築の中に取り込んでいく開放的な建築作品を生み出しながら躍進していった。1910年、シカゴ南部に建てられた『ロビー邸』は今もライト建築の傑作の一つになっている。彼は40歳になる前にすでに自分の建築思想を完成させていた。しかし1910年以降、ライトは家庭の問題や不幸がたび重なり、仕事は減り、窮地に立たされてしまう。しかもそんな不遇の時代が25年も続いた。

そんな失意の中、弟子を募集したときに現れたのがカウフマン・ジュニアだった。彼はピッツバーグの大百貨店を経営していた父親のエドガー・カウフマンにライトのことを伝える。それがきっかけとなり、夏に休暇のためベアランの滝をよく訪れていたカウフマンはライトに別荘の設計を依頼した。こうして落水荘の設計がはじまる。それが1934年。すでにライトは67歳になっていた。カウフマンは滝を眺めながら過ごせる別荘を設計してほしいと思っていたそうだが、ライトはそうではなく、滝と一体になって暮らすという案を提示したため今のような形になった。苦境に立たされていたライトだが、そんな状態でもライトは自分の姿勢を崩さない。むしろ、これまでよりもさらに自然と建築を完全に融合させるという方法に挑戦していった。

不安定にうごめく建築

まずは外から落水荘を眺めてみよう。水の音を聞きながら近づいていくと、川は茂みに隠れていて滝の上の建築とは思えない。大きな1階の床と屋根が岩の崖からスライドするように突き出ている。一方、2階は水平方向にどこまでも延びている。水の音とは対照的に建築はまるで岩盤みたいに静かに佇んでいるが、近づいていくにつれて水平に垂直にとうごめきはじめた。突き出ている部分はこちらにまで迫ってくるし、屋根の下の暗がりはずっと奥まで下がっていく。ガラス窓は向こうの森林まで取り込んで、石の壁はひっそりとした岩陰をいくつもつくり

不遇な時代を過ごしたこともあったが、91歳で亡くなる直前まで設計を続けた不死身の人である。ほとんどの作品がアメリカにあるが、日本にも旧・帝国ホテルを筆頭にいくつか作品を残した。一般公開をしている作品もあるため、ライトの建築を日本で味わうこともできる。

出している。屋根や床はどこまでも広がり、周囲の環境に溶けているが、同時に垂直に延びる石壁が土の中にいるような感覚を生み出していた。

ライトはヨーロッパの合理的な建築とは違う方法で人間が生きる空間を実現しようと試みたのだろう。建築は静かに揺らいでいた。空間は開いたり閉じたりと不安定に動いている。そんなことを感じながら橋を渡ると、ベアラン川の急流が突然目に入ってきた。建築に目を移すと、1階から水面近くまで階段が続いていて、水面ぎりぎりのところで床が浮かんでいる。そうすると今度は屋根が水の流れにも見えてきた。外観を眺めていると、この場所にもともとあった自然のままの空間を思い起こさせた。さらに目に見えていない空間が広がっているようにも感じた。

水も植物も岩も違って見えはじめた。確かに、遠くの滝を見物できるところから見るのとではまるで違う感覚である。ライトが依頼主であるカウフマンに味わってもらいたかったのは、景色としてではなく、動きながら生成していく滝そのものだったのだろう。橋を渡り終えた僕は、落水荘の中に入ってみることにした。

滝そのものになる

石壁の間を抜けていくと、拍子抜けするくらいに小さな玄関が見えてきた。ここがおよそ650平方メートルの床面積を持つ落水荘の玄関なのだ。扉も頑丈なものではなく、鉄サッシのガラス扉だ。天井もわざわざ低く造ってある。扉を開けると、狭い玄関ホール。すぐに階段があるので、そこを上がっていくと突然とてつもなく広い居間が姿を現した。時間にして数秒間、それなのに空間は劇的に変化していった。

居間の床は石畳で、ところどころで元々あった岩をそのまま使っているように感じた。岩を積み上げた柱と暖炉がある以外は目を遮るものは何もなく、ガラス窓からは景色が映り込んできて、外の光や水面に映った光が居間の中で反射していた。床の石を見ながら森の姿を見ていると、ここがまだ外なんだと感じる。ところが、水の音は部屋の中に入った途端に静かになった。その変化で気持ちはくつろいでいる。居間の中央にある、水面まで下りていける階段がガラス越しに見えた。さらには壁沿いに造り付けの長いソファが。ここではすべて落水荘のためにデザインされた家具や布が使われていてなんとも心地いい。この居間にも荒々しい自然の動きそのものと、人間が心地よくいるために外から内側に逃げ込む人工の空間が入り混じっていた。

2階、3階へと向かう階段は居間と比べると狭いが、その分、大きなテラスが広がっていた。そこからはベアラン川を遠くまで見渡すことができる。しかし、滝は見えない。「滝は見るものじゃない」とライトがささやく声が聞こえてきた。狭い階段や廊下は、土の中を思い起こさせた。僕も地中を流れる水になった感覚で歩いた。水が流れ、よどみ、また別の方向へ分岐していくように、落水荘の内部は複雑に入り組んでいた。壁となっている石は粗削りのまま使われているので、家の中にいるという感覚を時々忘れてしまう。目だけでなく、感覚器官すべてに内側と外側、野生味と人工的なものを同時に感じさせようとしているようだ。

落水荘の空間は振れ幅が広いのでその都度驚きも隠せないが、不思議と体はすぐに馴染んでいく。これはいったいなんなのだろうか。これまでいろいろな住宅を見てきたが、そのどれとも違っていた。住宅ではないような気すらした。それよりも茂みの中に入ったり、川に潜って水中の石や魚を見たときのような感覚に近かった。しかも、自然そのものの姿とも違う。よりリアルに感じるためにもう一度自然を違う目で見る。それが人間というちょっと異質な生き物の方法なのかもしれない。ライトはそんな人間にしかできない方法で、この自然の中で挑戦していた。

自然とも違う、ただの人工物でもない。建築や空間、と言葉にすると何かがこぼれ落ちていく。ライトはこの建築で、滝を見るのではなく「滝になる」ことを提案しているように感じた。離れたところから自然とは違う存在として観察するのではなく、「そのものになる」。落水荘は建築ではなく、いつか新しい名前で呼ばれる何かなのではないか。僕はそんなことを夢想しながら森を後にした。

２階のバルコニー。ここから３階の書斎に外階段で向かうことができる。ここだけデザインの雰囲気が違う。まるでネイティヴアメリカンの土壁の家を思い起こさせる。実際にこの森で、先住民が１万年以上前から生活していた形跡が発掘されてもいる。

敷地内に入って遊歩道を歩いていると、川よりも先にこの落水荘の姿が見える。下流側から見るのとは対照的な姿だ。ライト自身がもつ矛盾した思考がそのまま空間になっているように感じた。

未来都市の夢

つぎに、僕は車で30分ほどのところにあるポリマス公園へ向かった。この公園はもともとフランク・ロイド・ライトの弟子だった建築家のピーター・バーントソンが1962年に提案した、広大な森の中に24軒の住宅が並ぶ建築計画の敷地だった。実際に建設されたのは2軒だけで、彼が夢想した森の中の都市は実現しなかったのだが、今ではここにライトが設計した『ダンカン邸』が移築されている。しかも、ダンカン邸には宿泊ができると知った。ライトが設計した建築物に泊まって触れられるなんてありえない機会だ。僕は興奮しながら森の中に入っていった。

L字型が特徴的なダンカン邸が見えてきた。落水荘を見た後だからか、シンプルすぎる外観に少し拍子抜けした。外壁には石が貼られているところもあるが、無垢の木ではなく廃材からつくったボードも使われている。完成したのは1957年。なんとライトが90歳のときの作品である。建築家は若い頃こそ、小さな住宅を設計しながら経験を積んでいくが、年齢を重ねるに従って依頼される建築物の大きさはどんどん拡大していく。しかも近代建築の巨匠として世界中にその名を轟かせていたライトである。晩年はさぞかし巨大なプロジェクトに集中していたのではないかと考えていたが、目の前に立っているのはどちらかというと質素な建築物だ。何度かライトの建築物を見学してきたが、いつもは触れてはいけないと注意書きしてあるのに、ダンカン邸では触れることだけではなく、泊まることまでできる。ここではライトの別の顔を、それこそ全身で味わえるのだ。

落水荘を完成させる以前、世界恐慌によってライト自身も仕事を失っていたのだが、それでもめげないライトは二つのプロジェクトを立ち上げている。一つは「タリアセン・フェローシップ」という建築家を育てるための教育システム。そしてもう一つが「ブロードエーカー・シティ計画」という未来の都市計画である。ライトは土地を私有化することで肥大していく資本主義の仕組みに対して疑問を持っており、それに抵抗していくために、誰もが快適な住宅を手に入れられるための方法論を考えようとしていたのだ。この都市計画は実現することはなかったが、ライトは集まってきた若い建築家たちと仕事がほとんどない状況の中で未来の建築のあり方を思考し続けた。その計画から、低価格で建てることができる「ユーソニアンハウス」という新しい住宅のアイデアが生まれた。ダンカン邸はそのうちの一つだ。

玄関を入ると、すぐに大きなリビングルームが広がっている。低い平屋の住宅だと思っていたが、玄関からリビングルームには階段を2段下りて行くのでその分天井が高く感じられる。階段一つで空間を広げ、同時に部屋を区切っている。外観の見た目、そして内側の細部こそお金をかけられないためにシンプルな仕上げだが、中の空間には落水荘を造るときと同じ〝哲学〟が盛り込まれていた。キッチンも、既製品を使いつつも、心地よい空間に仕上がっていた。落水荘ではやはり空間を経験するといっても時間が限られていたが、ここでは心ゆくまでライト

上／ダンカン邸。ライトの建築物を身近に体験できる機会はほとんどないので、ぜひ宿泊してみてほしい。

下／キッチンダイニング。ここで朝ごはんを食べながら、ライトの建築物の中で暮らすことを夢想していた。

が造り上げた居間を味わうことができる。まさに資本主義によって財を成した百貨店王・カウフマンからの依頼で落水荘を設計し、完全復活を遂げたライトだったが、それでも彼は終生、誰でも手に入れることができる家の可能性を追い求めた。ライトは矛盾しているようにも見える。それでも彼はずっと未来都市「ブロードエーカー・シティ」を夢想していた。実現することがなかったその都市の断片が、今でもアメリカという土地の上に点在している。

ダンカン邸はもともとはシカゴ郊外に建てられていたが、開発のために取り壊されそうになっていたところ、現在の場所に移築された。ライトは1000以上の建築物を計画し、現在では400軒ほど残っているそうだが、資本主義ですべてが覆われているアメリカでは、ライトの建築といえども常に消失の危機が迫っている。移築を実現したオーナーはワークショップを開き、若い建築学科の学生たちと修復活動を行っていると言った。ライトが失意の中探究しようとしていた建築の可能性は、今もう一度光を浴び、人々を突き動かしているのである。

晩年になっても衰えないライト

落水荘の近辺にはさらにもう一つ、ライトが設計した住宅が残っている。それが丘の上に立つ『ケンタック・ノブ』だ。この住宅は1954年、ライトが87歳のときの作品。これもダンカン邸と同じくユーソニアンハウスの一つとされているが、施主であるヘイガン氏がカウフマンの友人で、たびたび落水荘に遊びに行っているうちに惚れ込んでしまい設計を依頼したということもあり、石が多用され、細部もかなり手が込んでいる。

ケンタック・ノブに近づいていくと、丘の上からひょこっと顔を出したような建物が見えてくる。屋根が地面を這うように延びている。建物の奥にはさらに盛り上がった丘が見えていて、半分埋まっているような印象だ。ダンカン邸とはまるで違い、壁全面が石（サンドストーン）で覆われている。サンドストーンはこの近辺で豊富に採れる材料だ。ダンカン邸はライトが試していた低価格住宅のプロトタイプのような建築物だったが、ケンタック・ノブではまさにこの場所にしか存在しないライトの有機的建築の真髄を味わうことができる。

中央にある玄関から入ると廊下は左右にわかれているのだが、右手の方から光が入り込んできていて、ついそっちに向かっていく。廊下を抜けると天井が広がり、居間に出た。この住宅は玄関を中心にして、右が社交の空間、そして左がプライベートな空間とわかれている。寝室があるプライベート空間への廊下は光も薄暗くて狭く、洞窟のような印象だ。ライトは光の具合だけで空間を分けている。そのおかげで扉をつくる必要がなくなり、すべての空間がわかれつつも、一つにつながっている。それが心地よさを生み出していた。居間に入ると、重厚な窓枠からたくさんの光、そして風景が入り込んできた。社交の空間では人々が集まるだけでなく、外と内側の空間の境界線も消えていった。本棚と天井の小さな隙間にも窓がついていて、木漏れ日のような淡い光も入ってくる。床にも外壁に使われていたサンドストーンが敷かれているので、落水荘のときのように森の中にいるような感覚になる。

一方、洞窟を抜けてプライベート空間の中に入っていくと、今度は一気に空間の質が変化する。寝室の一部は丘の地面の中に埋まっている。ユーソニアンハウスには居間に必ず暖炉があるのだが、ケンタック・ノブでは居間に加えて寝室にも小さな暖炉があった。ユーソニアンハウス一つとってもそれぞれの住宅で試されていることが全く違っている。ライトが夢想した都市は、すべての住宅がそこに住む人々によって違う。近代建築は効率をよくするために、モジュールに従った箱型の住宅を生み出していった。それが今、僕たちが暮らす団地やマンションの基になっていくのだが、ライトは全く違うことを考えていた。規格をつくりつつも、場所ごとにその土地の影響を受け建築の形が変わる。矛盾し、変幻し、そうやってどうにかして生きのびようとする軟体動物のようなライトの建築観はいまだに古びないどころか、21世紀の今こそ、もう一度見直されるべきなのかもしれない。

ニューヨークへ

ペンシルヴァニア州にあるライトの建築物を堪能した後は、ニューヨークへ戻った。マンハッタンでも二つの建築物を体験することができるのだ。まずは『メトロポリタン美術館』へ。古代ギリシャやエジプトの彫刻を観るだけでも興奮するが、なんとここにはライトが１９１２年に設計した『フランシス・リトル邸Ⅱ』のリビングルームが移築されている。この住宅も取り壊されそうになっていたが、すんでのところでメトロポリタン美術館が収蔵を決めたという。

ケンタック・ノブのエントランスの裏側。表から見ると地面に埋まっているように見えたが、ここから見ると高く石が積まれていて、とても同じ建築物とは思えない。

ケンタック・ノブのテラス部分にある屋根には六角形の天窓が取り付けられていた。この屋根は、夏は日差しを避け、冬はまっすぐ居間に光が入り込んでくるように設計されている。「形態こそ機能である」というライトの信条がそのまま空間化されている。

ニューヨークの顔の一つでもあるグッゲンハイム美術館。完成から60年を経過した今でも、新しい風を吹かせている。美術館に入るだけで、ライトがそこにいてくれているんだとリアルに感じ僕はなんだかホッとした。

91歳で亡くなるまで膨大な数の建築物を設計し続けたライトの偉業は、近年再評価が高まっているものの、アメリカという土地で常に風雨にさらされていて、資本主義経済の影響を直接受ける建築物というものを残していくにはまだまだ課題が山積みであると、学芸員の方が話していた。

美術館ではリビングルームが完璧に近い状態で復元されていた。保存されたライトの空間はとても貴重だ。しかし、やはり建築物は人間が使ってこそ息を吹き返す。芸術作品とは違って、建築物を「残す」という行為はとても難しい。だからこそ、ライトはどんな角度からも設計を試していたのだろう。生きのびる自分の子孫をどうにか残そうとするように、彼はあらゆる建築物を造った。そして、その最高傑作がこのニューヨークにある。それが『グッゲンハイム美術館』だ。

世界遺産になった『グッゲンハイム美術館』

そんなとき朗報が届いた。なんとグッゲンハイム美術館と落水荘を含め、ライトが設計した８つの建築物が世界遺産に登録された。この原稿を書いている最中（２０１９年）のことだ。取材をしたときはまだ世界遺産の話はなく、ライトの建築に関わっている人はみんな保存していくことの大変さを口にしていた。現存するライトの建築物は４００軒ほどあるというので、まだ代表的な建築群しか光を浴びていないかもし

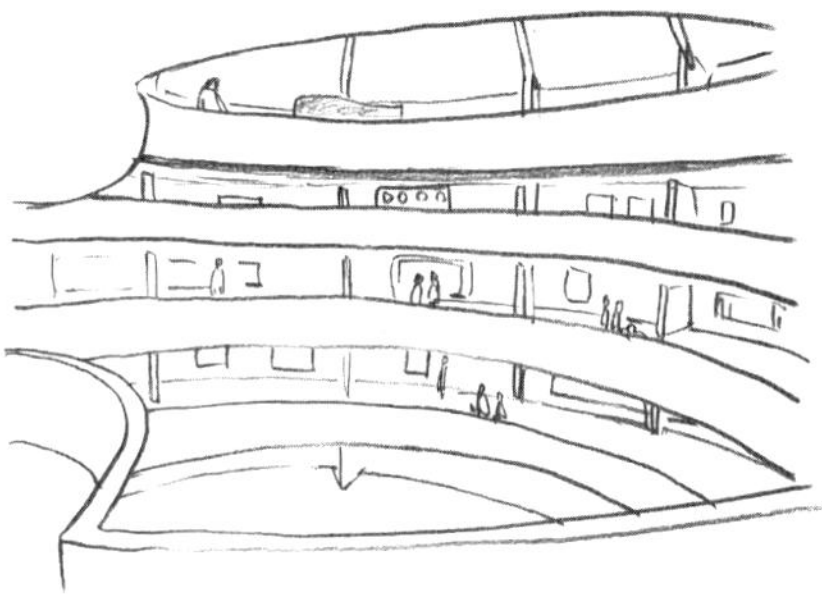

グッゲンハイム美術館の内観。どこも空間が遮られることなく螺旋状に広がっている。人々は空間に操作されることなく、それこそ街路を練り歩くように美術館を味わうことができる。そこに僕はライトが夢想した未来都市の姿を垣間見た。

れないが、それでも彼の建築哲学を残すために大きく前進したことは確かだ。

グッゲンハイム美術館は、ライトが設計した無数の建築物の中で一番人間が行き交っているところだ。設計がはじまったのが１９４３年、しかし、建設が開始されたのは13年後の１９５６年、さらに完成し一般公開されたのは１９５９年10月だった。その年の４月にライトは亡くなり、完成の瞬間に立ち会うことはできなかった。しかし、この建築物にはライトが生涯を通じて試行錯誤してきたもののすべてが詰まっている。しかも完成から60年が経った今でも未来の空間として存在している。滝に生成したかのような落水荘からもさらに飛躍して、建築物が自然を模倣したものではなくて、まさに建築物そのものが一つの動く生き物のようになっている。建築物が芸術作品を飾るための箱ではなくて、建築物そのものとして存在している。展示室には様々な場所から入ることができるし、出ていくこともできる。天井からは空の光が落ちてくる。それはまさにライトが思い描いた未来の都市の姿そのものだったのではないか。

未来の都市であるグッゲンハイム美術館には今も人々が集まり、日々すれ違ったり、対話したり、新しい出会いが生まれ、芸術作品と建築物の空間の中で新しい思考が生み出されている。ライトが夢想した都市、そこで動いている社会の姿がこの場所では実現しているのではないか。ライトの建築をめぐる旅は、つまり「人間とは何か」を考えるための、複雑で矛盾に満ちた、それでも心地よい冒険であった。

ロサンゼルスで「家」について考えた

チャールズ・イームズ
ルドルフ・シンドラー
リチャード・ノイトラ

イームズ・ハウス南側の住居棟。西側の建設時に掘った土を盛ってできた丘がシェルターの役目を果たす一方、開放的な南、東側からは気持ちのよい陽光が差し込む。竣工当時に植えたユーカリの木が今では森のように生い茂り、その間からは海岸が見える。

ロサンゼルスへ

今回、取り上げるのは20世紀半ばにロサンゼルスで起こったモダニズム建築運動である。ここで活動していた建築家たちは、いわゆる箱としての「建築」ではなく、人や周辺の環境、使っている家具や道具までを住まいのための重要な「空間」と捉えていた。今でも斬新で穏やかな気持ちになれる彼らの住宅には、21世紀の暮らしのためのヒントがきっとたくさん隠されている。

ロサンゼルスを中心としたカリフォルニアでの建築運動は、アメリカ建築の祖でもあるフランク・ロイド・ライトからはじまる。

建築家、デザイナー、映像作家でもあるチャールズ・イームズ（1907－1978）も、ライトに大きな影響を受けた。異端児的存在のライトに没頭したため、通っていたワシントン大学建築学科の教授たちに理解されず、退学してしまったほどだ。

いわゆる《イームズ・チェア》などの家具デザイナーとして知られている彼は、自身としては常に自らを建築家だと捉えていた。カリフォルニア州出身のレイという創造の同志でもある伴侶と出会うと、仕事の拠点をロサンゼルスに移し「芸術」と「建築」の間の境界を飛び越えた幅広い活動を実践するようになっていく。建築家は、人が暮らす建物を設計することだけが仕事ではなく、生活そのもの、都市、家、家具、周囲の生物、植物、風、そして人間をあらゆる

イームズが手掛けた作品は建築だけでなく、家具、おもちゃ、映画などあらゆる方向へ放射状に広がっていった。彼の創造物は今も僕たちの生活に浸透している。

角度から眺め、矛盾にまみれたこの世界で、それでも豊かに生きていくための術《すべ》を具現化する――ライトのそんな思想は、イームズが生まれ持っていた天性のユーモアと融合し、ロサンゼルス郊外に、今も呼吸音が感じられるほど生き生きと佇んでいる『イームズ・ハウス』として実現した。ロサンゼルスに到着し、海沿いの小さなホテルにチェックインした僕は、自分の建築観にも大きな影響を与えたこのイームズ・ハウスを見るためにさっそく車に乗り込んだ。

チャールズ・イームズ

チャールズ・イームズは1907年にアメリカ、ミズーリ州セントルイスで生まれた。幼い頃から亡き父が残したカメラで写真を撮り、絵を描き続けていたという。先述したように大学はドロップアウトしてしまったが、自ら設計事務所を開き、独立する。

しかし、時は世界恐慌。彼の事務所はあえなく潰れてしまう。それでも彼は諦めない。今度は友人と会社を立ち上げた。ここでの仕事を認められ、彼はアメリカのバウハウス的存在であった「クランブルック美術学院」に奨学生として入学。ここで後に「ミッドセンチュリー」と呼ばれるアメリカ発のデザイン運動を担うことになる才能あるデザイナーたちと出会い、刺激を受けた。それに第二次世界大戦での技術革新が、彼の柔軟な思考回路と接続した。イームズはまず椅子、家具、テーブルなどを新しい素材であり安価だった成形合板でつくるところから、その名を知られるようになっていく。生きていくためにはどんな仕事でも引き受けなくてはいけない。にもかかわらず創造性を高めることも止めたくない。この一見、矛盾するような状況がイームズには常につきまとっていたのだろう。だからこそ、それを笑い飛ばすような鮮やかな色やユーモアに満ちた細部が異彩を放ったのだ。

ケース・スタディ・ハウス・プログラム

レイと出会い、ロサンゼルスで仕事をはじめたイームズは『アーツ&アーキテクチャー』という雑誌の編集者であったジョン・エンテンザと出会う。この出会いこそが今も人々にインスピレーションを与え続けているイームズ・ハウスが生まれるきっかけになった。エンテンザはイームズの家具に感銘を受け、彼に雑誌の編集に関わるよう依頼した。さらに妻のレイは表紙デザインを手がけるようになる。こうしてイームズ夫妻の、建築だけにとどまらず人々の暮らしのすべてをデザインするという思考は、少しずつ開花していく。何もないところから突然変異的に起きたように見えるロサンゼルス・モダニズムの芽は、人と人の繫がりを介して、ていねいにゆっくりと熟成していくことで発生していった。

１９４５年、『アーツ&アーキテクチャー』は「ケース・スタディ・ハウス・プログラム」という計画を立ち上げる。８人の建築家に庶民でも手の届くような価格の一戸建てのプロトタイプの設計を依頼した。その建築家の一人としてイームズが選ばれる。イームズは『ケース・スタディ・ハウスＮｏ．８』を設計した。こうして出来上がったケース・スタディ・ハウス群は、今僕たちが何げなく眺めている、住宅展示場のもとにもなっている。それが、とある雑誌社の企画ではじまった実験的な芸術＋建築運動だったことに注目したい。興味深いことに、このケース・スタディ・ハウスＮｏ．８は建売住宅として誰かに売られたのではなく、後にイームズ夫妻が実際に暮らした住宅兼アトリエになる。

イームズ・ハウスの中へ

さあ、イームズ・ハウスの中に入ってみよう。イームズは安価に抑えるために、材料をすべてハウスメーカーのカタログにある商品から選んでいる。全体的な空間を設計し、それに合わせて部材をカットするのではなく、すべて既製の部品から造られているのである。しかも多くの部材は倉庫や工場用、つまり住宅には使われていなかった工業用の材料を選んだ。プレハブ建築の基になったとも言える。ところが、住宅展示場ともマイホームともプレハブ建築とも明らかに違う。イームズが培ってきたサバイバルとユーモアが入り組んだ矛盾が溶け込むことで、味気ない素材が集まっただけの混沌としたものが、多くの声や音が重なり合い穏やかに感じられる音楽空間へと変貌しているのだ。

僕はイームズ・ハウスの中をゆっくりと歩きながら、つい笑ってしまった。「こんな空間、イームズ以外には建てられない」と思ってしまったのだ。これはケース・スタディ・ハウスでもなんでもない。もちろん既製品を使っているわけだから、誰にでも建てられるはず。しかし、ここはイームズにしか実現できない空間だと僕は感じた。かつ、そのことに希望を感じた。そこにはイームズの愉快ないたずらが仕掛けられている。イームズ・ハウスは半世紀以上経過し、夫妻はこの世からいなくなってしまったはずだが、今もこの建築ではまだ遊びと実験が続いているように見えた。彼らのユーモアがこの建築にはところどころ垣間見える。

二人の息吹

アトリエ棟を出て、イームズ夫妻が暮らしていた住居棟へ向かう。イームズ・ハウスはその二つの棟をレンガ敷きの中庭で繋いでいる。レンガ一つひとつを見ても、ここだと不思議なことに大量生産品に見えないのだ。人間はみな顔が違うのが当たり前だが、工業製品だってそうなんだと僕はふと我に返った。他の建築家であれば、きっちりと設計し、指示しているような柱や建具の接合部分なども、どこかゆるい。植木屋が整えたきれいな庭園ではなく、雑木林に近い感覚である。かといって放置しているのでもない。その微妙な按配が、心地よく施されている。しかも、建築の構造は、カーテンやラグ、イームズ夫妻が世界中で集めてきた雑貨や家具などで隠れてしまっていた。通常の建築家であれば絶対にやらない方法だ。イームズはまるで服を着せるように(しかも新調したスーツではなく、とびっきりのお気に入りの普段着を)、建築と家具、道具、植栽をていねいに交ぜ合わせている。近代建築の名作だと思って、少し緊張しながら歩いていた僕はくすぐられたように体が軽くなった。

イームズが「参考になんかしなくてもいいんだよ。ま、ゆっくり楽しんで」と言っているような気がしたのだ。ここでは建築的な思想と、どこかでレイが買ってきたお気に入りの小さなスプーンが同列に並んでいた。

「誰かの思想を吸収するのもいいけど、自分はどうなんだい？　自分は何が気持ちいいと思っているんだい？　自分が一番大切にしているものはなんだい？」

そのときにはもう考えることをやめて、僕はただゆっくりとイームズの家でくつろいでいた。誰もがつくれるものだけでつくった、誰にも真似ができない空間。それなのにこっちが縮こまることなく、むしろ、自分だったら何ができるかと発想が次々と浮かんでくる。まるで訪れる人にとってそれぞれ色合いを変える直感装置のようだ。手に持っていた見慣れたノートが新鮮に感じられ、僕はつい頭に浮かんだことをどんどん書きつけていった。

イームズ・ハウスというケース・スタディ・ハウスは、モデルハウスなんてものが存在しないんだということを伝えてくれるモデルハウスと言える。自分の家を愉快に思いつくままにイメージしてみればいい。ふとまた笑いがこぼれた。イームズがあらゆることに好奇心を抱き、いろんなことに挑戦しながらも建築家であると言っていたのは、それはつまり、僕たち一人ひとりが「住まいとは何か？」を問い続けるべきだという彼なりのメッセージなのかもしれない。

右上／住居棟居間にあるモバイル・ガーデン。車輪がついており可動式。　左上／住居棟入口からの眺め。生活感があるのに、外にいるような不思議な心地よさがある。　右中／住居棟のキッチンには、イームズ夫妻が集めてきた食器や小物が並ぶ。　右下／居間の奥にあるソファの裏に並ぶ人形たち。どれも違うのに、なぜか愉快な家族に見える。　左下／アトリエ棟の階段。こちらには北側からの落ち着いた光が入ってくる。ここで二人は試行錯誤しながら創造力を爆発させていた。

住居棟の居間。はじめはシンプルな部屋だったが、イームズ夫妻が暮らしていく中で徐々にモノが増えていった。その過程そのものも設計・創造活動の一環だったのだろう。今でもその気配を肌で感じることができる。

サンタモニカの海岸沿いのホテルに泊まった僕は、目を覚ますと近くにある「Rae's Restaurant」へと向かった。1958年にオープンしたこの古いレストランでパンケーキを食べた僕は、絵に描いたようなロサンゼルスの街並みを楽しみながら、華々しいウェスト・ハリウッド地区へと入っていった。緑豊かな車通りに面して、開放的で大きな住宅が立ち並ぶ中、竹林で鬱蒼と覆われた一角がある。陽光が眩しいカリフォルニアの景色の中に突如、幻のように漂っている空間。それはどこか日本的でもあった。竹林の横の小道を抜けていくと、そこに一軒の平屋建ての住宅が静かに佇んでいる。設計したのはオーストリア人建築家ルドルフ・シンドラー（1887−1953）。この住宅はシンドラー自身の自邸でもある。生前、大きく評価されることがなかった彼の建築が、今、見直されはじめている。一体、彼は何者で、どんな建築を造ったのだろうか。

ルドルフ・シンドラー

ルドルフ・シンドラーは1887年、ウィーンに生まれた。ウィーンで建築を学んでいたが、ドイツの出版社が出した『フランク・ロイド・ライト作品集』を読み、日本建築に大きな影響を受けて設計されたライトのプレーリースタイル（草原様式）に活路を見出し、1914年に渡米。ライトの事務所があったシカゴへ向かった。

しかし、当時ライトは度重なる私生活上の問題で、ほとんど仕事を失っていた。仕方なく、シンドラーは他の建築家の事務所で働きながら、一人でライトの研究を続けることに。そして、3年後、日本の帝国ホテルから設計を依頼されたライトからようやく声がかかる。ライトがかなり長いあいだ日本に滞在しなくてはいけなかったため、シンドラーはライトの名の下にアメリカでの仕事を次々と受け持つようになり、次第に事務所の中でも重要な存在になっていく。そのため、仕事を奪われるのではないかとライトから疑われるようになっていったという。

そんなとき、ホリーホック邸の設計の依頼がきて、シンドラーが担当をすることになる。そのことがきっかけで彼は、ロサンゼルスへと向かった。シンドラーはライト事務所から半分独立したような形で活動をはじめ、芸術や政治に対し、より自由なあり方を探っていた妻とも共振し、これまでにない住宅を生み出した。それが、この竹林の向こうの『シンドラーハウス』である。

新しい共同体のための建築

垣根沿いに小道を進んでいくと、小さな抜け道が見える。ここがハリウッドだとはとても思えない。飛び石があり、その先のちょこんと飛び出した庇の下が玄関のようだ。日本家屋の勝手口のようにも見える。天井は低く、建築が地面から立ち上がっているというよりも、穴倉や洞窟のイメージだ。岩場にも思えるコンクリート壁、そこに天幕を掛けたような低い天井、隙間からは陽光が差し込み、目の前には見晴らしのいい庭の景色が広がっている。実際に、シン

フランク・ロイド・ライトによるホリーホック邸（1921年竣工）。シンドラーとフランク・ロイド・ライトの息子がまかされる状態で完成した。

上／シンドラーハウス外観。庭も段差があり、まるで部屋のように見える。可動式の壁を開け放つと、外と内が一体となった大きな生活空間が生まれるのだ。

下／こちらは共同生活をしていたチェイス夫妻の部屋。

ドラーがこの住宅を設計するインスピレーションのもとになったのは、共同生活することになるチェイス夫妻と一緒に出かけたヨセミテでのキャンプ旅行だという。一年中、気候が安定したロサンゼルスでは、彼の考える自然自体も建築空間の一つとして捉えることが可能になった。オーストリア人だったシンドラーは、カリフォルニアの大地と環境に魅かれ、終生この地から離れることがなかった。そんな彼の第1作目の建築作品がシンドラーハウスなのだ。

また、この住宅は妻・ポーリーンの思想が結実したものにもなっている。住宅は二世帯住宅である。妻の親友であるチェイス夫妻と共同生活をするために設計された。完成したのは1922年。今から100年ほど前のことである。そのときにポーリーンは、家族のあり方、夫婦のあり方、人間が集まって暮らすということ、それらについてかなり自由に思考していたと思われる。壁は最小限に抑えられ、ほとんど仕切られていない。ここは住宅であると同時に、あるときは、何十人もの人々が集まって意見を交わしたり、食事をしたりする芸術サロン的な役割も担っていたようだ。つまり、ただの住宅ではなく、公民館のような存在でもあった。

設計はシンドラーだが、建設はエンジニアだったチェイスの夫が担当。セルフビルド(自力建設)の試みとして見ても興味深い。驚くのは室内に寝室がないということだ。これも内外すべてを生活空間ととらえるシンドラーの考えによるものだろう。その代わり、屋上にはセルフビルドで造った「スリーピング・ポーチ」と呼ばれる壁のないお茶目な小屋がある。シンドラー

ルドルフ・シンドラーは、風貌からもその自由な気風を感じとることができる。どこででも寝られるような建築を造ろうとした人が近代に存在していたことは、これからますます重要視されていくだろう。

夫妻たちがここで寝ていたところを想像しながら、僕はついにやにやしてしまった。

　敷地全体を外も室内も含めて、一つの大きな建築空間ととらえる。さらには、一人の所有者による私有物ではなく、周辺で暮らす人々が集まることのできる公共空間としても活用する。シンドラーハウスは、建物自体も、その建築の使い方としても、かなり先進的だった。それは欧州から自分の思考を具現化するための大地を探していた建築家と、暮らしのあり方を芸術や社会の観点から多角的に変革しようとしていた妻の二人によって実現できた、人生そのものを空間化しようとした実験住宅であった。

　シンドラーは遠く１００年先を見て、設計したのだろう。今の僕にはこの住宅が言わんとしていることが、びんびん伝わってきた。境界線だらけで、所有者以外の人々だけでなく、自然すらも完全に追い出してしまった人間は、今、暮らしの面でも、それこそ政治的な面でも、重要な岐路に立たされている。どこか掘っ建て小屋のようにも見える静かなこの建築を今、体感することはきっとそんな僕たちに新しい生活の味わいの可能性を感じさせてくれるだろう。

人間の「巣」をつくり続けた建築家

シンドラーは、生涯を通じて１５０を超える建築を残したが、そのほとんどが個人住宅である。多くの建築家が、経験を積み重ね、名をなしていくごとに公共建築の設計に移っていくことを考えるとかなり特異だ。しかし、彼の根源にあるのはいつもシェルター（避難所）としての建築なのである。限りなくテントに近いような建築。人間の巣。その観点から見ると、むしろ住宅にこだわったのは当然だとわかる。彼は一つの様式にとらわれることなく、日々変化していった。そのことも評価されなかった一因ともいえるのだが、今ではその変遷をロサンゼルスの街を車で走りながら肌で感じることができる。

次に訪れたのはハリウッドの丘陵地帯。ここに『フィッツパトリック・リーランド・ハウス』がある。見た目は欧州の近代建築とも通じるところがあるが、実は木造住宅だ。つまり、人々がより安価に住宅を手に入れるにはどうしたらよいのかということを、さらに追求していったのだ。ここで興味深いのは、シンドラーが安価に抑えることを重視しながらも、建築空間はより複雑に混沌とさせていくことを試みた点である。彼は決して合理的なものとして住宅をとらえなかった。生活の本質は「変容すること」であり、自然─街─住宅─部屋─庭─家具を大小関係なく、どれも同じ要素だととらえ、それぞれが不可欠で、有機的につながっており、それらの空間が交響楽のように組み合わさることで、人間の暮らしが生まれると考えていた。構造体から思考することが近代建築の原点だが、そもそもシンドラーはそこから大きく踏み出している。シンドラーの建築の中を歩いていると、知らない間に頭の中に天幕が浮かび、外であっても、包まれたような安らぎを感じるし、室内の窓からは、見えない風が吹き込んでくる。彼は、人間がもっている見えない空間や時間の「芽」に触れようと試みているのだ。

今も生きるシンドラー建築

シンドラーが設計した住宅群は現在、再評価され、今でも修復しながら暮らしている人々がいる。その中の一軒にお邪魔することができた。雑貨店「ＯＫ」を営むラリーさんもその一人。声をかけると、なんと家の中にまで案内してくれた。外装も内装も綺麗に修復されていた。建築家の知人に相談して、ほとんど当時の材料を変えることなく、そのままの姿に戻すことを試みたという。妻と小さな子ども１人の３人暮らし。「住み心地がとてもよく、穏やかな気持ちになれる」と笑顔でラリーさんの妻が答えてくれた。この家の特徴は、住宅の真ん中にある暖炉が庭からも居間からも使えるところ。さらにシンドラーが設計したダイニングテーブルには車輪が付いており、そのまま庭に動かして、外で食事をすることができる。室内にはほかにもシンドラーが設計した机や椅子、壁と一体化した本棚とテーブルなどがあふれていて、暮らしぶりに幸福を感じた。

シンドラーハウスには、一度、離れたポーリーン夫人が再び戻ってきて、シンドラーが評価されることなく亡くなったあとも、ずっと暮らし続けた。シンドラーは近代建築が目指していた建築の合理性、巨大化に徹底的に抗い、終生、人間の巣である個人住宅を設計した。彼は建築を通じて、人間が日々暮らしの中で感じる「喜びとは何か」を考え続けた。自分の手で造り、修繕し、人々が集い、食事を食べ、一緒に風を感じる。そんな小さな幸福を創造の根源にして

フィッツパトリック・リーランド・ハウスの外観。コンクリート製の冷たい建築かと思って近づくと、木造だと気づき、温かさやユーモアが漂ってきた。シンプルなのに、細部はどこか適当さも含んだ手仕事の跡が見え、複雑な印象を与える。

いた建築家はいなかった。だからこそ、シンドラーの建築は息絶えることなく、今も大きな天幕となって人々の暮らしを優しく包んでいるのだ。

再評価が高まるロサンゼルス・モダニズムを追いかける旅も終わりが近づいてきた。最後に取り上げるのはリチャード・ノイトラ（1892－1970）。これまで紹介してきたチャールズ・イームズ、ルドルフ・シンドラーは、生前、建築家としては世界的評価を得られなかった。一方、ノイトラはニューヨーク近代美術館（MoMA）で開催された「近代建築：インターナショナル展」という展覧会でも、ル・コルビュジエやミース・ファン・デル・ローエに並び、カリフォルニアを代表する建築家として選ばれ、幅広く仕事を実現させていく。しかし現在、ノイトラについて語られることは稀で、謎も多い。一体、彼は何者で、どんな建築を目指していたのか。からっと晴れた朝、海沿いのカフェで朝食を摂った僕は、雲みたいなぼんやりとした気配を漂わせるノイトラという人と建築に迫ってみることにした。

リチャード・ノイトラ

1892年にオーストリアのウィーンで生まれた彼は、オットー・ワーグナーが設計した建築を見て以来、幼い頃から建築家になることを決めていたと自著で書いている。先にアメリカへ渡っていたシンドラーのところに居候しながら、フランク・ロイド・ライトの事務所で学びつつ活動をはじめる。しかし、仕事はすぐには見つからない。そこでノイトラはアトリエでさまざまな実験計画や執筆を行っていく。ユニークなのは、彼がウィーン時代に心理学者ジーク

リチャード・ノイトラ。父は哲学者、兄は精神科医、弟は音楽家だったため、家族から大きな影響を受けている。造園家にも師事しており、複雑な思考のもと建築を設計していた。

ムント・フロイトの息子と同級生で、フロイト自身とも顔見知りであったことだ。ノイトラはその影響もあり、建築設計だけでなく、心理学も独学した。「人間とは何か」ということを、建築という形だけでなく、内側からも同時に思考していたのだ。そのためか、シンドラーとは建築のあり方も自然のとらえ方も全く対照的になっていく。まずは出世作である『ＶＤＬリサーチハウスⅡ』の中に入ってみよう。

人間と自然

１９３２年に建てられ、その後火事で焼失し、１９６６年に忠実に復元されたＶＤＬリサーチハウスⅡは90年以上前に設計されたとは思えないほど現代的なデザインだ。これまでイームズ、シンドラーの自邸を見てきたのだが、ノイトラの自邸は明らかに前者二つと違いがある。一見、開口部は広く、外の景色が内部に入り込み、ほとんど壁がないように見える。しかし、イームズのように関節が外れたような細部はなく、シンドラーのように外と内の空間を一体化するための仕掛けもない。大きなガラスは透明でありながらも、混じり合うことなくしっかりと自然と人間を区別していた。外の環境に配慮するのではなく、あくまでも建築それ自体で自立している。むしろ、建築はそこで生きる人間について考えるための装置として機能しているように見えた。僕たちはあくまでも人間であり、日々変化し続ける自然とは完全に一体化することはできず、時には人間の手で操作する必要がある。「自然のために」よいことだけをしようと

VDL リサーチハウスⅡの開放的なリビングルーム。家具もすべてノイトラによるデザインで造り付けの家具も多い。大きなガラス窓にはシルバーレイク周辺の自然が映り込んでいる。

VDL リサーチハウスⅡ外観。日よけの縦に延びるパネルは可動式で、光の具合を調整することができる。室内で感じる開放感から一変し、外観は自然と混ざりながらもここが人間の避難所であることを示している。

謳《うた》う文句がありふれている昨今、人間と自然の対立についての彼の考え方は、僕たちの目を覚ましてくれる。ノイトラはそんな姿勢でありながら、閉鎖的ではない居心地のよい空間を実現させていた。

Survival through Design

VDLリサーチハウスⅡのすぐ近くにはその名もノイトラプレイスという通りがあり、そこには8軒のノイトラ設計の住宅が立つ。ノイトラと一緒に設計事務所を運営していた次男ディオンさんが、その中の一軒に今も暮らしている。ディオンさんはノイトラの研究者でもある。「Survival through Design（デザインによって生きのびること）」とノイトラは自分の建築について定義し、「バイオリアリズム（有機的現実主義）」という考え方を打ち出した。それはまだ完全には読解されていないとディオンさんは静かに語った。イームズは「自分だけの空間づくり」を、シンドラーは「外と内を一つの空間として暮らす」ことを21世紀に向けて伝えた。それでも人間は好き勝手に暮らすことはできないし、ありのままの自然とは完全に一体化できない。ノイトラは人間が自然に対して行っている破壊を薄めることもせず、同時に仮の暮らしにすぎないことも告白する。それでも獲得できる心地よさとは何か。彼はそれを追い求めていたのではないか。

　人工的でありながら自然が至るところに混ざり込んだ都市であるロサンゼルスは、いくつもの矛盾を抱えこみながら成長してきた。その過程で、建築家たちが苦悶し、どうにか答えとしての建築を残した。どうやって暮らしていけばいいのか迷うことも多い現代、この地での暮らしについての思考の軌跡であるロサンゼルス・モダニズム建築に触れて感じたことは「矛盾を一掃しようとしないこと」である。答えは一つではなく、そもそも答えは存在しない。つねに移ろい続けること。都市に立ち並ぶ建築たちはそんな移ろいをそれぞれ露わにしている。ノイトラの「Survival through Design」という言葉が、僕の頭で鳴り響いている。

翌朝、気持ちよい西海岸の陽光を浴びながら、倉庫のような入口を見つけた僕はふらっと中に入ってみた。朝7時だというのに、人が集まっている。なんでも最近できた美味しいレストランだという。パン・オ・ショコラとエスプレッソを注文し、隣の地元の人と話しながら食べた。またこの街もどんどん変わっていくのだろう。人々の話し声の隙間を、心地よい風が吹き抜けていった。

ポルトの街、二人の建築家、石の家

アルヴァロ・シザ・ヴィエイラ
エドゥアルド・ソウト・デ・モウラ

シザ設計のボア・ノヴァ・レストラン。大西洋が
広がる海岸沿いに建てられたシザ初期の名作だ。
建築と自然の境目がないその空間の中に入ると、
経験したことのない感覚に包まれた。

岩場のレストラン

泊まっていたホテルの目の前にある〝なんでも食堂〟のようなお店で、搾りたてのオレンジジュースを飲み干した僕は、まず車でポルト市内から北へ向かい、マトジーニョスという海沿いの町へ向かった。この町はこれから探る建築家アルヴァロ・シザ・ヴィエイラ（１９３３－）の故郷でもある。荒々しい岩場が続く海岸線を歩いていると、白いコンクリートの階段が見えてきた。これが１９６３年に完成したシザの1作目の『ボア・ノヴァ・レストラン』ということなのだが、建築物は岩場に埋まってしまっていて全貌はよく見えない。それなのに、何かこの奥に空間が待っているという期待感が高まっていくのが不思議だった。

近づいていくと、モダンな白い壁が見えてきたが、そこにはポルトガルの伝統的な瓦の屋根が突き刺さっている。岩にへばりついた自然造形物にも、人工的に造られた空間にも見える。それが歩くたびに揺れ動く。なんとも不思議な感覚なのだが、違和感はなくむしろ心地よい。階段を上ると海岸線が遠くに見えた。さらに進むと大きな岩肌が見え、そして僕は誘われるように小さな玄関へと向かっていった。建築に近づいているのに、建物の威圧感はまったく感じなかった。

小さな玄関から入ると、突然空間が広がり、天井から柔らかい光が落ちてきた。さっきまでの岩場の荒々しさは静かに消えていったが、岩の中にいるような感覚は持続している。階段を下りていくと、天窓から入ってくる光、そしてそこから見える海の風景が変化する。地中に潜り込んでいくような安心感を味わったかと思うと、徐々に海に向かって体ごと開いていくのを感じた。そしてメインフロアへ下りきると、天井と一体化した屋根が海岸線ギリギリまで延びていて、海と内部空間の境目がなくなっていた。建築物の中を歩いているのに、体は建築物ではない何かを味わっている。驚きが隠せないのだが、なぜかどこにいても居心地がいいので、気づくと寛《くつろ》いでいる。いったい、なんだこれは。そしてこの驚きは、ポルトにいる間、終始続くことになる。

歩くたびに空間が生まれる

次に向かったのはポルト市内にある広大な公園の中に立つ『セラルヴェス現代美術館』だ。まず変わった形の門を抜けて入っていくのだが、この建築も一見しただけではボア・ノヴァ・レストランと同様に全貌がつかめない。それなのに体はどんどん空間の中に吸い込まれていく。外廊下を光に誘われるままに歩いていくと、左手に庭が広がり、さらに進むと、中庭が現れた。天井のない屋外の空間なのに、そこも展示室のように見える。かつ体は美術館の外へ、森の中へと広がっていくようにも感じる。そしてここでもやっぱり居心地のよさを感じる。それが何からきているのかはわからない。館内に入っても、この体が広がっていく感覚は変わらなかった。開口部が多いわけではないのに、木漏れ日のように光が漂っているので、ついそっちに向

アルヴァロ・シザ・ヴィエイラ。ポルトに事務所を構え、ポルトガルだけでなく世界中で活躍している。1992年にプリツカー賞を受賞。2003年まではポルト大学建築学部の教授も務め、地元ポルトで若い建築家の育成にも力を入れた。

美術館に入るためのこの斜めに切り取られた門をきっかけにして、そのあと続く低い天井の道は外なのに洞窟のように感じられる。

門の効果は、美術館の中に入っても持続していく。庭を歩いていても、僕は光の壁に覆われた、さらに大きな見えない空間の中を歩いているようだった。

セラルヴェス現代美術館入口のアプローチ。
ここは屋外なのだが、白い壁、さらに壁に当たる光によって、次々と空間が生み出されている。期待を膨らませながら、美術館の中へと入っていく。

かって歩いていく。空間を設計しているというよりも、空間と空間の間をシザは揺り動かそうとしているように感じた。僕はふと、人間というものは一歩歩くたびにその都度空間を生み出しているんだと思った。シザは自前の創造力を人に示そうとするのではなく、逆に、それぞれの人間が常に創造しているということを感じさせようとしているのではないか、と。

変化する空間と人間

さらに、車で1時間ほどの、マルコ・デ・カナヴェーゼスという小さな町に向かった。ここにはシザが設計した『サンタ・マリア教会』がある。教会は小さな町の中では異彩を放っていた。白いコンクリートの巨大な壁が聳え立っている。崇高なイメージが強いと感じたが、やはりここでも近づいていくと細部にていねいな手仕事を感じ、親しみが湧いてくる。真っ白い抽象的な空間だとはじめは感じるのだが、白い壁、クリーム色のタイル、床の大理石、床板、並ぶ木の椅子と、具体的な要素が目に入るたびに、白さが変化し「多様な白」が浮かび上がってくる。天井を見ると、大きな開口部から入ってくる光が、彫刻のように円形に削られた壁にぶつかって多様な白が増殖していく。その色の感覚が反響する足音と相まって音楽的に見えてくる。眠っていると思われている創造力が、実は何げなく生活している間も、いろんなものを感知しているんだと僕はふと感じた。空間や光や色や音が変化するように、僕たち人間もまた常に変わり続けているのである。

ポルト市内にはシザが設計した『ポルト大学建築学部棟』がある。シザは後にこのポルト大学に吸収されるポルト造形美術高等学校で建築を学び、フェルナンド・タヴォラという師を得て、建築設計をはじめる。その後、シザはポルト大学で教鞭を執り、若手の育成を行うようになる。

自ら学んだ大学にまた戻ってきて学生たちを教えるだけでなく、学びの場自体を設計までしているのはシザくらいなのではないか。形自体はシンプルだが、時間ごとに光と影が変化する校舎は、紙の上の建築設計を体で体感する生きた教材になっている。シザの尽力もあり、この大学から新しい建築家が続々と巣立っている。ポルト大学という建築教育の基盤があり、さらに昔ながらの職人のように近くでお互い励まし合いながら、技術を高めていく。ポルトで現代建築が町から剝離することなく成長しているのは、そんな土壌があるからだ。夕方、気持ちの良い中庭で談笑している学生たちを眺めていると、奥にドウロ川とポルトの古い町並みも一緒に目に入ってきた。すべてに同じように光が当たっていた。

上／サンタ・マリア教会の内観。窓が極端に少ないにもかかわらず閉鎖的に感じることもない。シザは「風景を見ることを押し付けずに選択させたい」と言っている。

下／サンタ・マリア教会の外観。教会というよりも工場か倉庫のようにも見えるのだが、近づくにつれて細部に目がいくと、不思議なことに崇高な気持ちになっていく。

ポルト大学建築学部棟。シザの建築物には、今まで見てきた建築作品にありがちな「ここから見るように」という建築家側からの指示をほとんど感じない。ポルト大学でも僕は中庭に座ったり、歩いたりしながら、いろんな顔を見せてくれる建築物の群れを眺めていた。

二つの再生

ポルト市内のアルヴァロ・シザ・ヴィエイラの建築を巡った僕は、次に『エスタディオ・ムニシパル・デ・ブラガ』というエドゥアルド・ソウト・デ・モウラ（1952ー）の代表作を見るために、ポルトを離れ近郊のブラガという町へ向かった。

このスタジアムはサッカー、ポルトガル1部リーグのSCブラガの本拠地となっている。なんと採石場だった場所にそのまま巨大な穴を開けてスタジアムを造っているので、片方のゴール裏が岩肌剥き出しの崖なのだ。さらに屋根に溜まった雨水を芝生を養生する水として再利用するための巨大な雨樋も印象的だ。しかし機能的にはどうなのかと正直感じたが、ソウトはシザとまた違う一面を持っているようだ。自然に溶け込ませようとするよりも、むしろ対立している自然と人間の姿をそのまま剥き出しに空間として表現しているように感じた。観客席として機能するわけではない崖を見ていると、原始の人間たちが身を乗り出して座っているような姿が僕の脳裏に浮かんだ。

この日の宿泊はアマレスという町にあるホテル『ポウザーダ・モステイロ・デ・アマレス』へ。ここは元々12世紀に建てられた修道院だったのだが、長い間廃墟となっていた。それをソウトが10年以上かけて地道に修復したのだ。さっきの荒々しい建築物から一転、今度はソウトらし

エドゥアルド・ソウト・デ・モウラ。ポルト生まれの建築家。ポルト大学建築学部で建築を学び、シザの事務所で働くようになった。独立した後もシザとは共同設計を行っている。現在は、ポルト大学建築学部で教えている。2011年プリツカー賞受賞。

さというのをほとんど表に出すことなく、完全に修復することを目指している。そして成功している。誰もいない石造りの廃墟の中を歩き回りながら、修復に思いを巡らすソウトの姿を想像すると、さっきのスタジアムで見た激しさとは別の一面も見えてくる。

そう考えると、あのスタジアムも採石場の記憶を残しつつ、壊すことなく再生していると言える。時間が経つにつれ、ソウトの繊細さが浮かび上がってきた。

石の家

アマレスを出て、ポルトに帰る途中に僕はある家を探すことにした。建築史家・藤森照信さんの本の中で見かけた「石の家（カザ・ドゥ・ペネド）」だ。内容は詳しく覚えていなかったのだが、その一枚の写真に衝撃を受けて、いつかポルトガルに行ったら絶対見てみたいと思っていたことを思い出したのだ。調べてみると、どうやらその石の家のものらしきウェブサイトが見つかり、連絡をとると、中まで案内してもらえることになった。記憶もおぼろげになっていて、夢で見ただけなのかと思っていたくらいだ。風力発電のための風車が立ち並ぶ山道を抜けると、巨石が見えてきた。よく見ると、煙突が付いている。「あ、あれだ！」

案内してくれたのはヴィトル・ロドリゲスさん。彼の父親が建てたのだという。てっきり僕はポルトガルの山岳地方特有の伝統的な家屋だと思っていたのだが、そうではなく、完全に彼の父親の独創らしい。家族と一緒に山菜採りに行ったときに、偶然この巨石を見つけたのだと

エスタディオ・ムニシパル・デ・ブラガ。屋根は68本のケーブルで支えられている。巨大な雨樋で屋根に溜まった雨水を集め、芝生の養生のために再利用しているという。

ポウザーダ・モステイロ・デ・アマレスの内観。できるだけ現代のものは使わずに、ていねいに時間をかけて元の状態に戻している。かつ、窓枠などの見えないところにはデザインのアイデアを詰め込んでいる。

ポウザーダ・モステイロ・デ・アマレスの部屋は過ごしやすいように普通のホテルのように改装されている。石造りの窓から見える夕暮れが格別だった。

いう。そして週末住宅として自力で建設をはじめた。家の内部がまたすごかった！　吹き抜けがある2階建ての空間になっていて、暖炉も付いていた。もし僕が家を建てるときはしっかり参考にしたいと思って、質問につい力が入っていたかもしれない。

そんなことを考えながら、ポルトに帰ってきて、僕は最後に「カザ・ロベルト・イヴェンシュ」というシザが暮らした家を訪ねた。すると裏庭に、シザが14歳のときに設計したパビリオンと呼ばれる小さな納屋のような建物が残っていたのである。蔦で全面が覆われていて、窓が二つ付いている。なんの変哲もない小屋。でもそれが73年経った今でも残っていて、廃屋にもなっておらず、まだそれを使う人を待っているように健やかに立っている。

現代建築を見て回った後、石の家、シザの本当の第1作目の作品を通過して、僕はポルトの街をもう一度散策して回った。古い建物の揺れている輪郭、煮込み料理の味、カモメの鳴き声、川の動きなど微かな違いをより強く感じている。建築物を通じて、自分の体が変化していることをはっきりと感じた。

レストラン「O Gaveto」のアサリ料理が絶品だった！

ずっと訪ねてみたいと思っていた石の家。電気もガスもテレビも電話もない。それでも今も家族で週末住宅として使っている。

僕の家

大学で建築を専攻したものの、僕は実際には一度も建築の設計をしたことはない。建築士の免許も持っていないどころか試験を受けたことすらない。それでも、いつか自邸を設計し、自分の手で造ってみたいとは思っていて、いつもぼんやりとではあるが、頭の中に構想はある。

一方、僕は小学生のときから、なぜ我が家は一戸建ての家じゃなくてアパートを賃貸して生活しているのかを考えたりしていて、「土地を私有する」ということに疑問を感じてきた。単刀直入に、土地を所有することは間違っていると僕は思っている。どんな人でも等しく、生きていくための家は無償で手に入れられるような世界にしたい。現状、建築家という仕事は、土地を私有している人からの依頼を受けることで成立している。だからこそ、僕は今の建築家の仕事から少し離れて生きている。

本来土地は所有できるはずがない、ということは、僕の周りの建築を学んでいた同級生たちも気づいているように見えた。でもそんなこと言っていても、仕事にならない、食べていけない。彼らは「現状の中で最善を尽くしていくべきだ」と建築家のもとで修業を積み、図面を引きはじめた。僕はそれがどうしてもできなかった。そして今もできないままでいる。

ネイティヴアメリカンなど、土地私有制のない社会もある。隅田川沿いで暮らしていた路上生活者たちがしたたかに生きのびている姿を見ることで、この現代でも土地を所有しないで人々がそれぞれに独自の家を持つことができる可能性がゼロではないと実感した。お金がある人だけが家を建てる権利を持っているのはどう考えても明らかに間違っている。貧富の差を拡大させることとしか能のない現状の社会は、成熟しているとはとても言えない。いつか必ず人々は土地を共有するようになるだろう。

そんなわけで、僕はなんでも思いついたらすぐ形にするのが得意なのだが、活動の原点である自邸の設計だけはいつまでも未完のままなのである。

土地を所有することなどできない、という当たり前のことを無視して行動するわけにはいかないので、それは仕方がない。でも諦めているわけではない。僕は大学時代の師である建築家石山修武が言った言葉が忘れられない。

「建築は社会の中に半永久的に残る物質をつくるわけだから、人々からこの人に任せたいと信頼されるまでは設計してはいけない。まずは本を書いて、自分の考えを人々に伝えなさい」

僕は建築を設計せずにまだ本を書いている。もう20年になる。45冊書いてきた。でもまだ社会は変わっていないし、人々から信頼されているとは言えないだろう。だからこれからもずっと本を書いていくと決めている。死にたい人からの電話を受け続けているのも信頼される人間になるための練習の一つだと思っている。

家はやっぱり自分の手で造りたい。家は知らぬ間に、生涯で一番高い買い物になってしまった。それなのに、僕たちはドアノブ一つがいくらするのかすら知らないし、見積書にドアノブの値段が書かれていなくても数千万円の家を買ったりする。そうじゃなくて、家を、スプーン一つ、洋服一着の延長だと捉えてみる。僕は家で暮らす人間にとって必要な要素を一つずつ自分でつくれないかを毎日実験している。毛糸玉からセーターを編み、自分で履く革靴もつくった。ガラスを吹いてコップをつくりながら、ガラス窓を自作するとしたらどうすればいいかを考えた。鉄板を何度も叩きフライパンもつくった。畑で野菜も育てはじめた。料理をすることも今では僕の創作活動になくてはならないものだ。家具もつくり、織物もはじめた。つくれないものはもしかしたら一つもないのかもしれない。いつもつくり終わると、そう感じる。

「人々から信頼されること」と「自分の手でつくること」。未来の家造りのために必要なものを身につけるため、今日も実践を続けている。

気づいたときには、家を建てるために必死に遠回りしているこの行為自体が、僕にとっての人生になっていた。

「まがいもの」の建築家

フィリップ・ジョンソン

1949年に設計されたグラスハウス。21世紀の建築と言われても遜色ないほどの現代性を今でも放っている。4面総ガラス張りでとても人が住める空間とは思えないが、ジョンソン自身は毎週末ニューヨークからやって来て、思索の時間にあてた。

建築家のフィリップ・ジョンソン（1906－2005）と聞いて、ピンとくる人はあまりいないだろう。フランク・ロイド・ライトやル・コルビュジエなどの近代建築家の巨匠と比べても一般的な知名度は低い。当然ながら建築界ではよく知られているのだが、建築家としての評価はお世辞にも高いとは言えない。どちらかというと、過去の建築家の作品を真似した「まがいもの」扱いされている節もある。

しかし、フィリップ・ジョンソンはこれまでこの連載で取り上げてきた近代建築の系譜で捉えてしまうと誤解してしまいかねないが、実は新しい建築家のあり方を示しているのではないか。

そう感じていた僕は、彼の建築の可能性を探るために一路ニューヨークへと旅立った。ニューヨークのグランド・セントラル・ターミナル駅から電車で1時間ほど行ったコネティカット州ニューケイナンにある彼の自邸、『グラスハウス』を実際にこの目で見るためだ。実物を見て、空間を肌で味わい、彼が何を伝えようとしていたかを緑豊かなグラスハウスのある広大な敷地の中に足を踏み入れて考えた。

すると、これまで論じられてきたフィリップ・ジョンソン像とはまるで別の顔が浮かび上がってきたのである。彼は建築家でありながら、建築の限界を露わにし、しかし、そこで終わるのではなく、人間と空間の未来の可能性を提示しようとしていたのだ。

フィリップ・ジョンソン

フィリップ・ジョンソンの経歴は一風変わっている。

彼は、若い頃から建築家を志していたわけではない。１９０６年に生まれ、ハーヴァード大学ではギリシャ哲学や文献学を学んだ。大学在学中に弁護士だった父親から譲り受けた株が高騰し、莫大な資産を手にした彼は、大学を卒業すると古典建築を見るためにヨーロッパへと向かった。

旅に同伴したのはＨ・Ｒ・ヒッチコックという建築史家で、アメリカにル・コルビュジエやバウハウスをはじめたヴァルター・グロピウスなどの当時ヨーロッパで隆盛していたモダニズム建築家たちを紹介した人である。旅の途中、ジョンソンは後に大きな影響を受けることになる建築家、ミース・ファン・デル・ローエとも出会った。

そのような過程を経て、ジョンソンはニューヨーク近代美術館（ＭｏＭＡ）における初の建築部門のキュレーターに就任し、建築の展覧会を企画する。美術館で建築の展覧会を開くことは今では当たり前のことだが、当時ではあり得ないことだった。そして１９３２年に「近代建築：インターナショナル展」と名づけた伝説的な展覧会をジョンソンとヒッチコック二人がキュレーターとなって開催し、ル・コルビュジエ、フランク・ロイド・ライト、ミース・ファン・デル・ローエなどの建築模型、図面、写真などを展示した。しかし、当時の展示写真を見たが、

元々ギリシャの哲学や美術に関心を持っていたジョンソンは持ち前の批評精神、眼力、編集能力によって新しい建築家像を生み出し、98歳で亡くなる直前まで設計を続けるバイタリティもあった。自らを「まがいもの」であると公言し、意識的に過去の遺産を自らの新しい創造に結びつけた、正直で、素直な建築家だった。

正直とても充実した展示だったとは思えない。展覧会では一言も「インターナショナル・スタイル」という言葉は出てきていないが、ジョンソンとヒッチコックは展覧会に合わせて『インターナショナル・スタイル』という名の著作を発表し、このスタイルを広めようとした。「インターナショナル・スタイル」とは後に世界中に広まっていった、「装飾を排除し、個人や地域を超えた世界的に共通する様式」のことだ。

このようにジョンソンは、才能を瞬時に見出す目を持ち、さらにそれを人々がすぐに理解し、潮流となって広まっていくような編集能力に長けていた。しかし、それは同時に見せ方次第で小さいものを大きく見せることができるというメディアの悪い面も浮き彫りにする。

ジョンソンのその矛盾は、人間のためのよりよい空間を造り出しながらも環境破壊を避けることができないという建築家の宿命をそのままあらわしているのではないか。むしろ、彼は矛盾を自覚しつつ、いかに生きていくのかという、人間のあり方自体を思考しようとした最初の建築家なのかもしれない。

グラスハウス

34歳になってようやくジョンソンは建築家の道を志す。ハーヴァード大学建築学部大学院に入学し、40代に入り、ニューケイナンの景観に惹かれ6000坪弱の土地を購入。すでに莫大な財産があったので食い扶持を求めてクライアントを探す必要がなく、すぐに自邸グラスハウスの設計をはじめる。これまでの建築家は常に依頼主が必要だった。ここにも彼の建築家に対する不自由への抵抗が見られる。かつ、建築というものが資金を持っている人間たちだけが実践できる道楽にすぎず、道楽によって現代の都市が成り立っていることの皮肉にも思えた。

日本で言えば軽井沢のようなニューケイナンにあるグラスハウスの敷地内に入ると、建築というよりも植物のほうが目に入ってくる。建築は茂みで隠れて見えない。近代建築というよりも日本の茶室を見に来たような感覚だ。もちろんこの森自体もすべて自然のままというわけではなく、樹木も植えているし、地形にも手が入っている。歩いていてもなかなかグラスハウスが現れてこない。それよりも周囲の木々や鳥の声が目や耳に入ってくる。自然なのか人工なのかわからない素敵な空間を歩きながら、僕の頭の中にはもう一つのグラスハウスが勝手に浮かび上がってきた。これもジョンソンの狙った効果なのかもしれない。

しばらく歩いていくと、グラスハウスが見えてきた。といっても、どうだと言わんばかりの建築ではない。すべて壁はガラス張りで森の中に浸透してしまっている。壁のない屋根と柱だけがぽつんと立っているように見えた。

ところが近づけば近づくほど存在感は増し、部屋の内部に机やソファが置かれているのを見ると、そこが居住空間だということがわかってくる。魔法みたいに突然、そこに建築が現れた。グラスハウスは実は崖の上に建っていて、眼下には広大な池と森が見えてきた。その途端に、この敷地内すべてが、まさに「ガラスの家」の中なのではないかという錯覚に陥ったのだ。

風を感じ、木々がざわめき、鳥がさえずる建築。そんな建築は見たことがない。いや、それこそ2枚の畳だけで宇宙全体を表現しようという「待庵《たいあん》」をつくった千利休に近いのかもしれない。確かに、グラスハウスの中に入ると、テーブルもキッチンもソファもシャワーもすべてあるのだが、どこか仮設建築なのではないかという気配が消えない。そんな丸見えの家になんか住めないだろうとお思いかもしれないが、これが不思議なことに居心地がいいのである。しかし、その居心地のよさが、家にいるときの居心地のよさと全く違うのだ。それよりも樹木の下で休んでいて風を感じたときや、かまくらの中に入ったときのような心地よさ。

ジョンソンはもしかしたら、建築なんてもういらない、なんてことを考えていたのかもしれない。僕はふとそう感じた。しかし、それがただの諦めに感じられないのである。むしろ、その逆で、人間は壁で囲った空間が居心地がいいのではなく、外と内を同時に感じられたとき、脳みそや感覚器官がつくり出す思考と相まって、人間の体自体が巣穴（BAU）のようになったときにこそ心地よさを覚える。それを直感的に感じていたのではないか。

しかしそれならば、ジョンソンはなぜ建築家として、その後も巨大な建築群を建てるようになっていったのか。建てない建築家のままではいられなかったのか。彼の都市や建築に対する問いは、そんなに単純なものではないのだろう。その謎に迫るため、広大な敷地に建てられた他の建築群にも触れてみることにした。

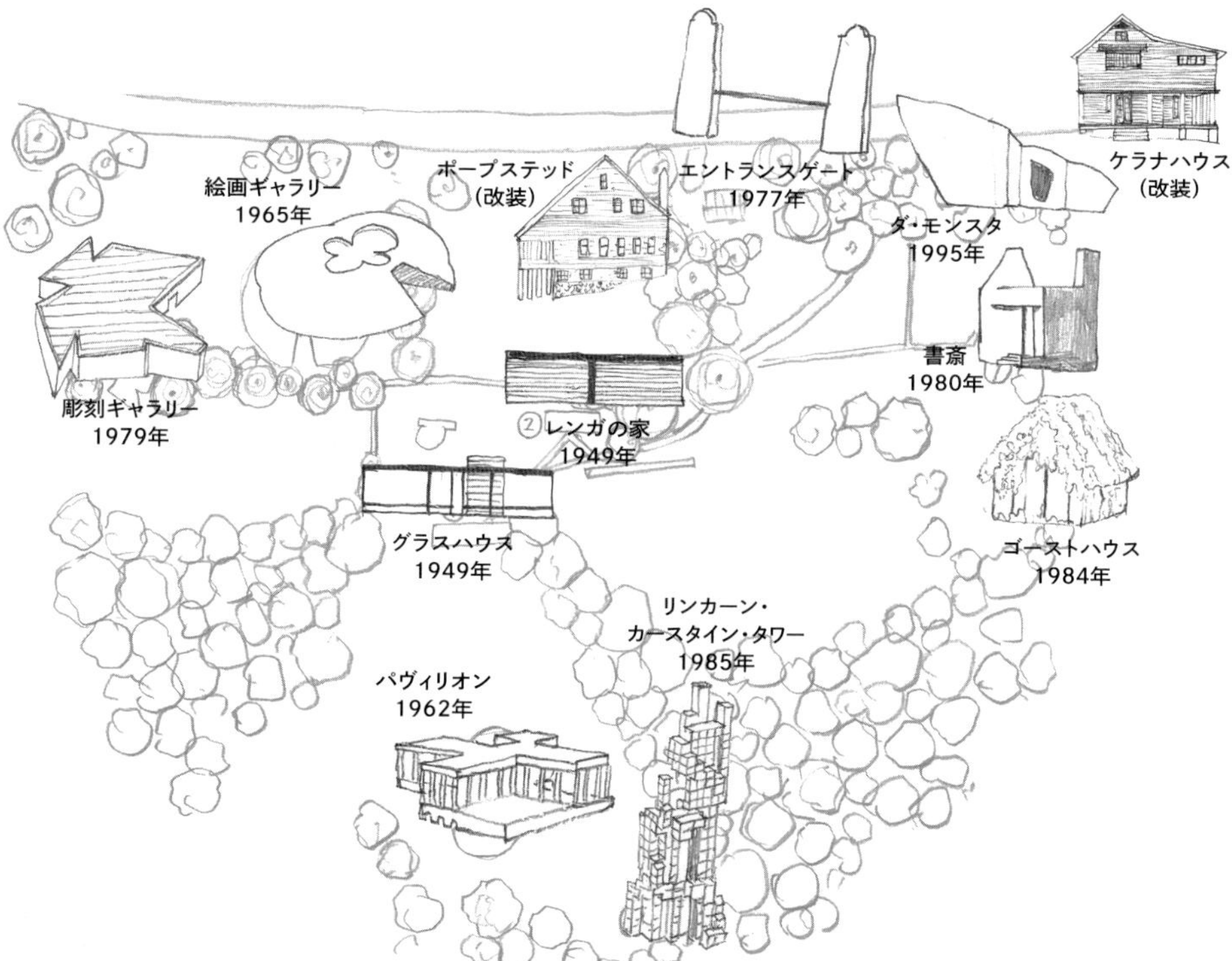

約5万7540坪の広大な敷地に造られたフィリップ・ジョンソンによる建物。

上／ジョンソンがグラスハウス敷地内に最後に設計したのが、このダ・モンスタ。見学に来る人々のためのヴィジターセンターとして建てられた。80代で設計したとは思えないほど自由な形をしている。

下／グラスハウスのデスクの上には小さな木箱が一つぽつんと置いてある。これはジョンソンが幼い頃からずっと持っていた木箱とのこと。中は開けることができなかったが、ここに何が入っていたのだろうか。ここにもまた謎が転がっていた。

池に面したパヴィリオン。遠くから眺めていると
大きな建築のようにも感じられるが、しゃがんで
歩くほど小さい。フィリップ・ジョンソンはよく
ここで友人たちと時間を過ごしたという。

お金をかけた建築

グラスハウスを出るとまずはレンガで造られた閉鎖的な建築が目に入ってくる。こちらは『レンガの家』と呼ばれ、ゲストハウスなのだが、グラスハウスの床暖房などの設備の機械室も兼ねている。つまり、このレンガの家がないと、グラスハウスはただの箱同然なのである。またガラス張りの空間はまったくプライバシーがないため、レンガの家はゆっくり静かに籠りたいときの避難所でもあった。グラスハウスの適当なシャワールームとは違い、こちらには総大理石のバスルームがあったりする。小さいけれど、お金だけはしっかりかけている。フィリップ・ジョンソンは安い建築を設計することを美徳だと捉えている風潮に完全に抗っていた。「ピラミッドやパルテノン神殿など残り続けている建築で、お金をかけなかったものは一つもない」と彼は著書に書いている。確かに言われてみればそうだ。建築とは人間の生活のためにあるという既成概念を彼は徹底して取っ払おうと試みた。

ゆっくり坂道を下りていくと、小川が見えてくる。門から入ってグラスハウスまでのアプローチは人工的だったが、今度は野草が無造作に生えていて、小さな木の橋を渡ると、どこかの村にでも迷いこんだような気になった。しかし、目の前に広がる池はフィリップ・ジョンソンが後から設計し、造ったものである。どこまでが計算して設計されたもので、どこからが自然のままなのか境目がわからない。その効果なのか、どこか夢の中をさまよっているような感覚に陥ったまま池を眺めると、柱と屋根だけの東屋《あずまや》が現れた。廃墟のようにひっそり静まりかえっている。これが彼が3番目に建てた『パヴィリオン』という建築だ。

実験なのか、ただの道楽なのか

パヴィリオンは建築家が設計したものなのかどうかわからないと感じたのは、尺度のせいだろう。丘の上から見ていたときには遠くにあるのでわからなかったが、近づいても大きくならない。子どもの遊び場のように、小さい建築だった。今度は子どものときに誰もが造る建築とも言える「秘密基地」の尺度を使っている。柱だけが並んでいる様子は、ギリシャ建築の廃墟のようにも、日本の数寄屋建築にも見える。僕はつい自分が小学生の頃よくやっていた、学習机の下に布団を敷いていた記憶を思い起こした。フィリップ・ジョンソンはここでよくピクニックをしていたようだ。池に面した神殿でくつろぐ高貴な気分と、幼年期の冒険心を同時にくすぐるパヴィリオンからグラスハウスを見上げると、モダニズムを極めたはずのグラスハウスが崖の上に屹立するパルテノン神殿に見えてくるから不思議なものだ。トイレも水道も冷暖房もないパヴィリオンにいながら、建築とは実用性と機能を備えたものだという思い込みが、ガラガラと崩れていった。

次に向かったのは『絵画ギャラリー』だ。フィリップ・ジョンソンは建築家でありながら、アートコレクターでもあった。彼は収集した絵を飾るためだけの空間を、ギリシャにあった墳墓からインスピレーションを受けて、土を盛った中に埋め込んだ。古墳の中に装飾品を飾るように、フィリップ・ジョンソンは今はもういないが、絵は生きている。人は死ぬが、芸術は生き続けるという彼の信念をそのまま具現化している空間となっていた。壁のような大型パネルが回転できるようになっており、絵を展示するというよりも絵自体がそのまま建築空間に変貌していた。人が住むためのものであるという建築の考え方からは遠く離れている。フィリップ・ジョンソンはどんどん人間のためではない建築を志向するようになっていく。

絵画ギャラリーの横には『彫刻ギャラリー』があり、こちらは墓をモチーフにした絵画ギャラリーとは一転し、天井はガラス張りで光が入り、屋外にいるような感じを受けるし、内部空間というよりも回廊のようだ。存在しないはずの町の光景のように見える。一番下の部屋には古いボロボロの壺が並んでいて、どこか生活の匂いもする。彫刻という芸術は、目に見えない脳内の都市空間の切片を垣間見せるという力があるのだと感じた。それでも人は誰一人として歩いていない。ここにも廃墟の気配は確実に残り香のように漂っている。

グラスハウスからの景色がよすぎて仕事にならないという子どもみたいな理由で、フィリップ・ジョンソンがさらに買い足した土地に建てたものは、外がほとんど見られない『書斎』である。金持ちの道楽なのか、駄々をこねる子どもなのかわからないのが彼の魅力。書斎はイタリアの民家からヒントを得ていて、むしろそのままの形を粘土で造っただけにも見える。建築というよりも、建物の影そのもののようだ。ここは書くためだけの空間なので、もちろんトイレも風呂もない。小さなガラス窓から少しだけ外の景色が見える他は、本棚で囲まれているだけの閉鎖された場所。修道院のようにも、子どもが隠れる押し入れのようにも見える。

この考え方は、次に建てた『ゴーストハウス』という鉄網だけで造られた建築に究極に表現される。この建築は影どころか、幻のような空間で鉄網に蔦が絡まっているだけで内部空間は何にもない。もう廃墟ですらなく、植物の茂みを屋根とみなしてただ寝転がっているだけのようなものだ。同じように、40センチ四方のコンクリートブロックを積み重ねただけの『リンカーン・カースタイン・タワー』もただの階段状の塔である。登ることはできるが、空や遠くを眺める以外には、何の役にも立たない。もはや建築なのかすらわからない。ところが、呆然と塔を見ていると、僕の頭には岩肌の凸凹が現れてきて、素っ裸の人間たちが登ったり、陰に身を潜めたりしはじめたのである。

建築は死なない

もうフィリップ・ジョンソンは83歳になっていた。そしてこの地で最後となる建築作品にとりかかる。それが彫刻家フランク・ステラの作品から着想したという『ダ・モンスタ』だ。彼はもう一度、建築を造ろうと試みた。直線はどこにもない前衛的な建築に見えるが、グラスハウスの巡礼をくぐってきた僕にはこの突拍子もない建築が、人間が最初に住むことになったであろう洞窟に見えた。元々、人間にとって建築とは実用性を求めるものでも、機能にあふれたものでもなく、ただ生きるためのものだったはずだ。

フィリップ・ジョンソンは、これまでの歴史を徹底して見つめ、真の建築の姿を見つけようとした。それは人々が生活するためのものではないかもしれない。しかし、生きるため、ではあるのだ。生きるために必要なのは、安住ではない。そうではない、怪しい美しさ。近づけば、死んでしまうかもしれないのに、つい足を向けてしまう美しさ。実用からかけ離れた美しさ。人間はいつもそんな美しさに生きる希望を与えられてきたのではないか。住みやすさを求めるあまり、躍動して生きる喜びを失った現代の私たちに、フィリップ・ジョンソンは無意味にしか感じられないが、なぜか心惹かれてしまう、わけのわからない建築を今もひっそりと提示してくる。人は死んでも、建築は死なない。死なない建築は、人間のためではなく、もっと根源的な人間の祈りから生まれるのだろう。

グラスハウスのヴィジターセンター。ここで受付をすれば、車でグラスハウスの敷地まで送迎してもらい、建築ツアー（要・事前予約）に参加することができる。

もう一つの顔

グラスハウスをあとにした僕は、ニューケイナン駅から電車で再びマンハッタンへと戻ることにした。自分の目で見て体験するまでは、フィリップ・ジョンソンの移り気の早さや表面的な装飾などが軽薄に思えていたのだが、グラスハウスをぐるりと一周したあとではまったく違う印象を抱くようになっていた。彼はこれまで紹介してきた建築家が乗り越えられなかったものを、突破しているのではないか。それが一体なんなのか。僕はそんなことを考えながら、今度は彼の仕事場だったマンハッタンを歩いてみることにした。

まず向かったのは『シーグラム・ビルディング』である。完成したのは１９５８年。このビルは近代建築の巨匠ミース・ファン・デル・ローエとの共同設計。ミースがニューヨーク州で建築家として登録していなかったために、フィリップ・ジョンソンが協力することになったのだ。高層ビルの金字塔としていまだに多くのビルの原点となっているこのシーグラム・ビルディング全体の設計はミースによるもの。フィリップ・ジョンソンはビル内のレストランの内装などを担当している。ミースの名作として歴史には刻まれているが、フィリップ・ジョンソンがいなかったらこの建築は生まれていない。元々、依頼していた建築家は違っていた。ところが、シーグラム社長の娘が建築を学んでおり、ミースに替えるように言ったのだ。その間を取り次

高層ビルの金字塔、シーグラム・ビルディング。今から60年ほど前に建てられたビルにもかかわらず、一切古びた印象はなく、今も斬新さを放ったままマンハッタンの街並みに重厚さを与えている。ガラス張りのビルはこのシーグラム・ビルディングからはじまったといっても過言ではない。

いだのがフィリップ・ジョンソン。彼は建築に必要な交渉術、編集術、引用術に長けていた。それはそのまま建築だけでなく、21世紀に生きる僕たちにとって必要な技術でもある。知れば知るほど気になる人である。

次に向かったのはMoMAである。彼はここで何度も建築展を企画しただけでなく、１９５０年には増築棟の設計、そしてMoMAのランドマークでもある彫刻庭園の設計も手がけた。これまでフィリップ・ジョンソンは高層ビルもたくさん造ったが、この彫刻庭園のような静かな空間も造ったのだ。グラスハウスを経験したあとだとそのことに矛盾を感じない。さらにはMoMAのコレクションには彼自身が集めた芸術作品が大量に寄贈されている。

その後、『５５０マディソン・アベニュー』へ。静かな空間から一転、今度は箱のようなビルが立ち並ぶ摩天楼の隙間からギリシャ神殿のような頂部を持つビルが見えてきた。１９８４年に竣工したこのビルはグラスハウスの頃の作品とはまったく別物で、これが同じ人の設計なのかと一瞬、首を傾《かし》げてしまう。しかし、これこそフィリップ・ジョンソンの真骨頂。先入観を持たずに触れることがコツである。「あなたの美意識や既成概念だって、元々はこの時代の誰々のものなんですよ」という彼の声が聞こえてくるようだ。

フィリップ・ジョンソンは近代建築をアメリカに紹介した人であるが、それだけにとどまらず、その後に起こったポストモダン建築という過去の作品を引用し、過剰な装飾をちりばめた

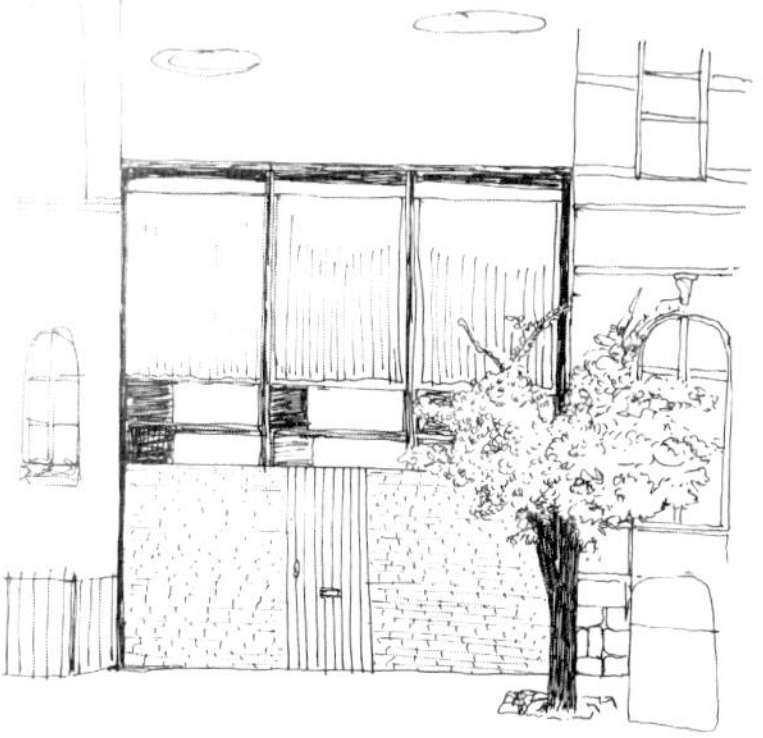

ロックフェラー３世ゲストハウス。内部は非公開。再開発が進むマンハッタンのど真ん中で、フィリップ・ジョンソンの心臓のように佇んでいた。

建築スタイルの先駆者でもあった。さらには20世紀末に起きた脱構築主義建築（重力を無視したように歪んだ建築空間）と呼ばれる一派の建築家たちを擁護したり、彼らの建築展を企画したりもした。フィリップ・ジョンソンが89歳のときに設計したグラスハウス内にあるダ・モンスタはまさに彼の手による脱構築主義の建築である。脱構築主義の建築家たちは、２０２０年の東京オリンピックにむけた新国立競技場の第一案にもなったザハ・ハディッドなど、現在では世界中の公共建築の主流にもなっている。世界中の都市で起きている空間の変化にはいつも決まってフィリップ・ジョンソンの顔が見え隠れするのだ。僕たちの気づかない間に、彼の思考は蝶みたいにビルの隙間を何食わぬ顔で悠々と飛び去っていく。

98年の人生

マンハッタンを歩きながら、フィリップ・ジョンソンのことを考えていると、マンハッタン自体が、彼の自邸であるグラスハウスに見えてくる。彼には都市ですら、自分の敷地と変わらない視点で見えていたのかもしれない。彼はあり余ったお金を使って、既成概念に固まってしまった僕たちや都市に対して、愉快な罠を仕掛けているのではないか。しかも、フィリップ・ジョンソンは決して諭したりしない。言ったところで人間は変わらないからだ。デザインですらすぐに古びてしまう。それでは何が残るのか。もしくは、どうすれば都市の中で自分の感覚を保ったまま生きていくことができるのか。一見、分裂しているようにしか見えない彼の思考

MoMAの彫刻庭園。マンハッタンのど真ん中にいるとは思えないほど落ち着いた空間。フィリップ・ジョンソンは自分が欲しいと思っている空間を、一番手に入れられないような難しい場所で具現化する。ここにはそんな「生きる喜び」が詰まっていた。

摩天楼の中でひときわ目立っているのは、フィリップ・ジョンソン設計の550マディソン・アベニュー（中央のベージュ色）。頂部のデザインは古典建築からの引用だが、どこまでが本気でどこまでが冗談なのかわからない。しかし、それこそ彼の狙いであり、見る者の既成概念を常に揺さぶってくる。

リップスティックビルと呼ばれるこのビルに関してはもはや意図はわからず、見ている僕はただ呆然とするだけであったが、彼の建築の意味はこれからも時間が経つほどに変化するはずなので、簡単に切り捨てることができない。

の流れは、都市の中で生きのびている動物や虫などの感覚に近い。彼に人間味は感じられないが、逆に生物味というか、あふれる本能が電気のようにビリビリと感じられるからだ。

生まれたときから何不自由のない裕福な生活を送り、ハーヴァード大学ではギリシャ語、文献学、歴史学、哲学などを学んだ建築家フィリップ・ジョンソン。父から譲ってもらった株が高騰し、学生の頃に大富豪となり、そのお金で学生の頃から世界中を旅して回った。そこで古代ギリシャの神殿や大聖堂などのゴシック建築の空間を体感し、古典建築、さらにはヨーロッパの近代建築に興味を持ちはじめていく。そして、23歳のときに自らの建築家の師として仰ぐことになるミース・ファン・デル・ローエと出会うと、建築への関心はさらに加速していった。帰国すると、MoMA初の建築部門のキュレーターとして働くことになり、アメリカで初めての建築展を企画。そうかと思えば、突然MoMAを辞め、ジャーナリズムと政治の道へと進む。しかし、34歳のときにもう一度、ハーヴァード大学へ戻り、ようやく建築の設計を学びはじめた。彼はのちにゲイであることをカミングアウトしているが、自分の性の問題についても大いに悩み苦しんだ。とにかく紆余曲折の人生だった。彼は触角で感じ取る虫のように、いろんなところへ顔を出しては興味を持つとすぐ行動し、飽きるとまた次のところへ飛んでいくのだ。

まっすぐ建築家になったわけではない。建築家になることが夢だったわけでもなかった。人生に必要だと思われている修業時代もない。誰の下にもついていない。自分で勝手にはじめている。誰かの助けを借りることもない。お金で解決するならと、自分の家を自ら設計しつつ次々と頭の片隅にある思考を現実の中で具現化していった。必要なものはどんどん盗むように貪欲に吸収し、かつそれを盗作だと自ら言って笑い飛ばす。オリジナルなものなどない。古典を研究していた彼にはその確信があった。近代建築の巨匠であるル・コルビュジエやミースの自由に思える図面ですら、古典建築が深く影響していることを彼は熟知していたからだ。今やそんな近代建築の名残は、僕たちの生活のありとあらゆる空間にまで浸透している。あなたの住んでいる家にもきっと。でもそれを誰も盗作だとは言わない。それは一つの情報となって、僕たちが普段話す言葉のように知らぬ間に忍び込んでいるのである。それが善いとも悪いともフィリップ・ジョンソンは言わない。そういうものだと確信しているだけだ。僕たちが無自覚に体感している空間に、一番違和感を感じていたのがフィリップ・ジョンソンだったのかもしれない。だからこそ、彼はありえないほどの寄り道をしてようやく建築家となり、そして、建築家の誰よりも長生きし、98歳で死ぬまで建築を設計し続けた。息を引き取った場所も「人間が住む空間ではない」と言われ続けたあのグラスハウスだった。

彼が伝えようとしていたことはこれから重要になってくるはずだ。フィリップ・ジョンソンは家の中で時折出合う蟻や蜘蛛などと同じような感覚で建築や都市と付き合っている。それこそ人間が次に目指すべき建築と生活のあり方なのではないか。僕はそんなことを考えながら、マンハッタンの路地裏を通り抜けた。高層ビルと捨てられたダンボールと行き交う人々と地下を這うネズミたちが、みんな同じものに見えた。

建築で蘇生した街、ビルバオ

フランク・O・ゲーリー

対岸の丘の上からビルバオ・グッゲンハイム美術館を眺める。
ビルバオの街がどん底の状態のとき、こちら側が高所得者、美術館側が工業の職を求めにやってきた低所得者たちが暮らす場所となっていて、橋は架かっておらず分断されていたという。

荒廃した小さな都市に突如あらわれた奇妙な建築。金属は風に吹かれたかのようになびき、子どもの落書きをそのまま形にしたのかと一瞬目を疑う。溶けて崩れ落ちていく廃墟にも見えるが、蕾が開き、花が咲く瞬間をスローモーションで見ているような躍動感も感じる。頭で考えると、さっぱりわからない。それでもこの建築を見ていると、今まで感じたことのない感情がうごめいた。体のどこかが突然動きはじめた。これは忘れていた感覚なのか。混乱しつつも、心地よい。建築を見て、こんな反応をしたのは初めてだ。未知の視覚、未知の感情が発動していた。

その建築の名は『ビルバオ・グッゲンハイム美術館』。設計者はカナダ人建築家フランク・O・ゲーリー（1929－）。この建築はスペイン北部バスク地方にある鉄鋼・造船業で栄えた工業都市ビルバオにある。人口約35万人の小さな地方都市ビルバオになぜこんな建築が突然生まれることになったのか。工業が衰退し、完全に疲弊していた街はビルバオ・グッゲンハイム美術館の建設を大きなきっかけに今では年間100万人を超す観光客が訪れる活力ある観光地として再生し、2018年にはヨーロッパ最優良都市賞を受賞した。

都市の再生。それは21世紀を生きる僕たちが常に抱えている課題であるが、どうすればいいのかはまだどの都市も迷走中である。そんな中、ビルバオは一つの可能性の光を放っている。それをこの目で見て確かめてみたい。さっそく羽田空港を飛び立った僕は、ミュンヘンを経由しビルバオ空港へと向かった。

ビルバオの再生

ビルバオ空港に到着すると、まずは空港の空間に心躍った。こぢんまりとした大きさだが、真っ白い布に覆われているようで心地よい。玄関口である空港から、これから味わうことになるビルバオの街の気配を予感させてくれる。タクシーに乗って、緑豊かな山を1つ越えると15分ほどで街が見えてきた。ネルビオン川に架かる橋を渡って街の中へと向かう道中、さっそく川沿いに立つビルバオ・グッゲンハイム美術館が目に入った。曇り空だったが、チタンで覆われた建築はかすかな光を吸収し、発光しているようだ。まわりを眺めると明るい茶色の屋根が並んでおり、中世の街並みがそのまま残っているような印象を受ける。小さい街だが、新しさと古さが複雑に絡まっていて、都市自体が生きているように感じた。自信に満ちた街の姿だ。

ビルバオは700年以上の歴史を持つ古い都市で、商業都市として栄えた。豊富に鉄鉱石が採れたため、ヨーロッパ中に高い品質の鉄を輸出して発展し、20世紀初頭にはスペイン有数の工業都市となった。しかし1970年代、日本や韓国などとの競争に負けて産業は衰え、失業率は30％を超え、公害問題も起きる。ネルビオン川にはヘドロが流れ、産業革命とともに拡大していったビルバオは、近代が終焉するとともに都市全体が瀕死状態に陥ってしまう。追い打ちをかけるように1983年にはネルビオン川が大氾濫し、街は文字どおり壊滅状態になった。ビルバオは再生の道を選ばざるをえない崖っぷちに立った。

しかし、ビルバオはここでめげないのである。1978年に制定されたスペイン憲法によってバスク州政府は自治権を得て、財政管理も自分たちで行うことができるようになっていた。さらにバスク語を公用語とすることも認められた。長い間、抑圧されていたものから解放され、力と自信がみなぎっていたはずだ。自分たちの文化を蘇らせるということに一丸となって取り組む土壌があったのである。ビルバオ市役所、ビルバオ市があるビスカヤ県、そしてバスク州政府が中央政府の介入がない状態で、独立して都市再生計画を打ち立てた。まず行ったのはネルビオン川の浄化計画である。なによりも先に工業化のためだけに使ってきた川を自分たちの手でもう一度復活させたのだ。その結果、ネルビオン川には酸素が増え、生き物も戻ってきた。そして、いよいよ蘇った川沿いに人々が集まり、自分たちの文化を誇れるような空間をつくることを試みることになる。ビルバオが選んだのは、異端の建築家、フランク・O・ゲーリーだった。

フランク・O・ゲーリー

1929年、フランク・O・ゲーリーはトロントのユダヤ系の家庭に生まれた。ユダヤ料理でよく使われる鯉を小さいときからよく眺めていたという。魚の動き、形態に興味を持ち、実際に魚の形の建築を造ったこともある。確かにビルバオ・グッゲンハイム美術館も群れて水の中を飛び上がるように泳いでいる魚群の動きにも見える。魚がいなくなったネルビオン川岸に魚が戻ってきたかのようだ。

小さいときから創作に親しみ、木片を使って積み木遊びをしては町などをつくっていた。祖父が営んでいた金物屋を手伝ったりしたことから、幼少の頃から工業用の材料にも詳しかった。アナウンサーやエンジニアにもなりたかったりといろいろ気が多かったようだ。

しかし、高校生のときフィンランドの建築家アルヴァ・アアルトの講演を聞いたことがきっかけとなり、建築家を志すようになる。その後、ロサンゼルスへ家族とともに移住し、大学では建築だけでなく美術、美術史、陶芸も学んだ。30歳をすぎ事務所を開設したが、なかなか芽が出なかった。お金もなく段ボールの家具を設計したりもした。ようやく日の目を浴びたのはバスク州政府が自治権を得た１９７８年である。お金がないために、妻が安価で購入した普通の住宅を、金網などこれまでの建築家なら一番醜悪なものとして避けてきた材料を使って改築したのだ。

この自邸の設計で彼は一躍建築界に躍り出る。彼は奇抜なデザインの設計を行う建築家と言われることが多いのだが、実はそうではないのではないか。むしろ、その都度その瞬間に、何ができるのかを徹底的に考え、それを突き詰めていくことで形が生まれている。つまり、とにかく現実的なのである。現実が、そのまま夢の世界まで突き抜けて、新しい現実を獲得していく。誰もが嫌う金網などの金属こそ、僕たちが暮らしている都市で一番身近なものなのである。

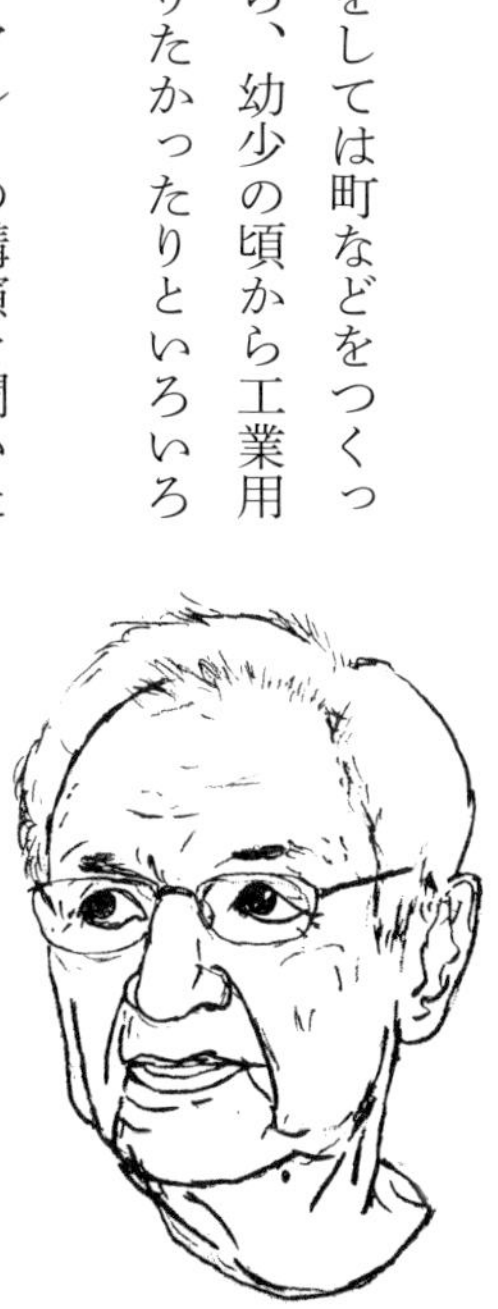

フランク・O・ゲーリー。徹底した現場主義の人であり、自分が感じた直感をいかにして具現化するかということに集中する。ビルバオ・グッゲンハイム美術館が大きく注目され、現在では世界中に挑戦的な建築を設計し続けている。

家も廃墟を買って改築するほうが安上がりだ。ゲーリーはこのように、とてつもなく個人的な直感で、誰もが身近にありすぎて無視してしまうような材料を使い、ていねいに現実を考察し、現実を飛び越える裂け目を見つけようとする。

ゲーリーは荒廃した工業都市であるビルバオを、ただ綺麗に掃除するようにして設計することはなかった。それよりもビルバオの街の中に飛び込み、誰もが目を伏せているような現実に目を向け、それを建築として立ち上げようと試みた。ゲーリーの建築はその形態から脱構築と呼ばれるが、彼が建築で実現しようとしているものはその真逆で、都市のすべてにあるものを等しく見て、もう一度別の新しいものに再構築しようとしているようだ。ゲーリーは人々が否定しているものを、まったく違う方法で目の前に差し出してくる。あなたが否定しているもの、排除しているものはこれですか？と。観る者はその美しさにとらわれながら、自分が否定してきたものががらがらと崩れ落ちる恐怖も同時に経験するのだ。

ビルバオ・グッゲンハイム美術館

さて、僕はビルバオ・グッゲンハイム美術館へ歩いて向かった。

ゲーリー建築は形態がひときわ目立つので、どういう形をデザインするかばかりを考えているように思われているが、実際は敷地をどこにするかを徹底して考え、最終的には敷地の変更もした。ネルビオン川は右岸が高所得者、左岸が工場地帯で低所得者が暮らしていた。洪水のため橋もなく、長い間分断されていたのだが、ゲーリーは造船所があった敷地に美術館を建て、ネルビオン川に橋を架け、美術館が波のように橋を呑み込むようにした。人々が目を背けて通っていた工場地帯に、人が排水口に渦を巻きながらどばどばと流れ込んでくるように建築と橋が配置されている。

それまで人に活気を与えていたはずの金属は、衰退とともに錆びついたまま放置されていたが、そこにまたエネルギーを吹き込むことで人々を混乱させつつも、躍動させる原動力へと転換した。しかもそれがただの皮肉では終わらない。ゲーリーは自身が感じた「直感」をそのまま巨大な建築として具現化しようと試みる。ここまで大きな建築になると、ほとんど個人の手触りなどは跡形もなくなってしまう。ゲーリーの手法は航空機などにも使われるコンピューターソフトによる設計と謳われているが、実際はハイテクな設計をしようというよりも、むしろ、脳みそが動くままに、直感に素直に従った感覚を建築のすみずみにまで行き渡らせるための手段にすぎない。ゲーリーの目的はあくまでも、人間の思考をそのまま立体的に浮かび上がらせるということである。そのため、通常なら隠すはずの下地もところどころむき出しになっているし、全面を覆っている薄いチタンの外壁は風が吹くと、うっすらとなびくのである。まるで生き物のように。都市自体が生命体であることを、ひそかにこちらに感じさせる。自分の利益のためだけに地面を好き勝手に改変する人間に対して、あらゆる動物、植物、鉱物、地面が忘れるなと声をかけているようにも感じられる。

パブロ・ピカソのキュビズム時代の傑作《アコーディオンを弾く人》からインスピレーションを得たというビルバオ・グッゲンハイム美術館の外観。建築というものは変化がなく固められたものだが、ゲーリーはそこに満足せず、無限のように試行錯誤を繰り返し、建築というよりも運動や速度自体を造形しようと試みている。

航空機を設計する際に使われるコンピューターソフトを設計に取り入れているからこそ、大規模な建築なのにこのような複雑な造形が実現しているのだが、この形を決めるまでに模型を延々とつくり続けている。コンピューターはあくまでも道具にすぎない。

それも文明批判では終わらない。それは建築が躍動しているからだ。ゲーリーは疲弊した一地方都市にすぎなかったビルバオのネガティヴな力を、芸術に昇華させて、しかもメッセージとしてだけではなく、多くの人が同時に経験し、呼吸することができる建築空間に生まれ変わらせた。さらに興味深いのは、まわりの住民たちが生活しながらゲーリーの問いかけに答えているように感じたことだ。ここに立っているのはただのきれいな建築ではない。常に複雑な刺激が飛び込んできては、無数の問いを投げかける。それを全身で感じながら、住民は生きていた。美術館という存在を超えて、都市の感覚器官のような役目を担っているように感じた。そんな都市は他にない。臭いものに蓋をするのではなく、ちゃんと自らの手で開けてみること。そして、目で見て、体で感じること。そうすれば、すべての要素に希望が見出せること。苦境に立たされていたビルバオ、ゲーリー、双方の強い意志が建築を通じて、柔らかい陽光のように街に浸透していた。

僕はビルバオの街をもっと知りたくなった。そして、ゲーリーの建築から漏れ出てくる光源を見たくなってきた。

美術館の中へ

チタンで覆われた美術館の外壁に映り込んでいるくすんだ光を見ながら、大理石の階段を下りていく。美術館の外観はビルバオの街の現実を反映し躍動感にあふれていたが、エントランスに向かうに従って、少しずつ静けさを感じていった。チタンの壁はこちらにもたれかかるように迫っていて、洞窟の中に入り込んでいくかのようだ。そうかと思うと、壁を支えているはずの鉄骨の柱がむき出しのまま放り出されている。

巨大な建築物なのだが、もろさもまた隠されることなく、むしろ意図的に見えるようになっていた。ゲーリーは一筋縄ではいかない。ビルバオ再生の象徴となっているこの美術館も、永遠に残るものではないと、建築家自らが告白しているようだ。まるで直感そのもののような一瞬だけの建築。しかし、たとえ廃墟になってもチタン、鉄、大理石などの鉱物はいつまでも残るだろう。ゲーリーの目的は都市の再生ではなく、自然の蘇生なのではないか。僕はそんなことを考えながらガラス張りのエントランスを抜けた。

中に入ると、まず大きなホールが現れる。そこには外観の印象とはまるで違う、まったく別の空間が広がっていた。群がる魚たちが水の中で無我夢中になって泳いでいる運動そのものを表しているような外観のことをすっかり忘れてしまいそうなほど、ホールは静かな空間だった。まるで水底にいるような気分になった。

美術館の中は外から想像していたものとはまるで違う空間が広がっている。それはゲーリーのガラスの使い方によるものが大きい。彼は奇抜なデザインが特徴であると思われているが、形としては見えない「光」による空間表現こそ真骨頂なのである。

そのかわり、今度はさまざまな角度から光線が差し込んできた。天井高約55メートルもある巨大な空間は、うねる水の流れのようなガラスで覆われている。風に吹かれたカーテンのような曲線の白い壁は、壁というよりも蒸気のように感じられた。ガラスや鉄、石などの硬い材料で造られているのに、空間は液体や気体になったかのごとく歩くたびに変化していく。

僕はふと子どものときに、近所の酒屋の裏庭で積み重なっていた酒瓶ケースを勝手に使って秘密基地をつくったことを思い出した。ホールは巨大な建築空間でありながらも、細部まできっちりつくってあるのではなく、どこか破綻している。その隙間が、想像力を喚起させるのだ。

ゲーリーは建築を設計するときに図面を描いて進めるのではなく、膨大な量の模型をつくりながら形作っていく。ドローイングを描くこともあるが、その線は揺れ動き、とどまるところを知らない。動くはずのない建築でどうやって動きをあらわすか。彼はダンスをするように設計する。しかし、同時に建築はそういった運動を固めてしまう作業でもある。その矛盾自体を、ゲーリーは避けずに空間に表現する。だからこそ、至るところで問題が起きる。破綻もする。けれども、それは避けることのできない矛盾であり、そこにゲーリーが蓄積してきた運動の残像が詰め込まれている。だから彼の空間には常に穴が開いて、そこから思考の蔓《つる》のようなものが見えない植物として伸びているのだ。

僕は目に入ってくる空間を勝手に自分でつくり替えたりしていた。静かな佇まいではあるが、逆に体験しているこちらが知らぬうちに創造をはじめていた。それが吹き抜けとなっている3

階分の空間に広がっているのだ。ガラス張りのエレベーター、ガラス窓に刺さるようにして無造作に室内に入り込んでいるチタンの外壁、天井まで続いている巨大な壁の隙間から見える人々の姿、そしてそこに降り注ぐ無数の異なった光。気づけば、静かに佇んでいたホールは、僕の思考が混ざることでまるで脳味噌のようにうごめいて見えた。

中に入る前と比べて、体の感覚が完全に変化していた。ビルバオという街の要素をそのまま取り込み、都市の中に溶けていくような外観をつくったゲーリーは人々を中に誘導すると、今度は人間というものが「創造する生き物」であることを感じさせようとしているようだ。僕はこのホールで、まっさらな気持ちになり、鑑賞するだけでなく自ら創造する可能性を感じた。その状態のまま、ホールから放射状に延びている展示室の中へと入っていった。

リチャード・セラの彫刻建築

ビルバオ・グッゲンハイム美術館はその建築自体が芸術作品として存在感が強いのだが、ここにはもう一つの建築と芸術が融合した空間がある。それは幅約30メートル、奥行き約１３０メートルの巨大な部屋に展示されたリチャード・セラの作品群だ。この空間はセラの超大作《ザ・マター・オブ・タイム》を展示するために設計され、またセラもこの空間のために作品をつくっている。ただ芸術を展示するための美術館ではなく、ここでは建築家と芸術家によって生成された空間を直に体験することができるのだ。鉄鋼の街だったビルバオらしく、セラは膨大な量の鉄を使って彫刻作品をつくった。

巨大な鉄板は錆びたまま弓形や波形、渦形に曲げられている。僕は鉄板の間に入り込み、中を歩いていくことにした。歩き進むたびに湾曲した鉄板がつくり出す空間は変化していく。僕はセラの彫刻作品に触りながら、瞬間ごとに歪んでいく空間を味わった。叩くと音もする。音は反響し、また違う景色を見せてくれる。

リチャード・セラはゲーリーの手法とはまた別の方法で、僕たちが生きている、常に移ろっている世界のことを感じさせてくれた。僕は長い間ザ・マター・オブ・タイムという彫刻の間を行ったり来たり、触ったり、音を奏でたり、また逆から歩いてみたりと楽しんだ。ゲーリーが試みようとしている運動の表現を、セラはまったく動きの感じられない鉄の塊で実現していた。気づくと、今まで体験したことのない都市の中を散歩しているような気分になった。瞬間瞬間で変化する景色、そしてそれを感じる僕もまた常に変化する。

彫刻作品でありながら、僕は新しい建築空間の予感を感じていた。都市をつくるのは建築家だけではない。そこで暮らす人間すべてが可能性を持っている。それは歩きながら建物の隙間からふと空を見上げる、街路樹に止まった鳥の鳴き声に耳を傾けるという何げない動きから生まれてくる。セラはそんな一瞬の空間の広がりを、彫刻建築とでも呼べる作品で具現化していた。

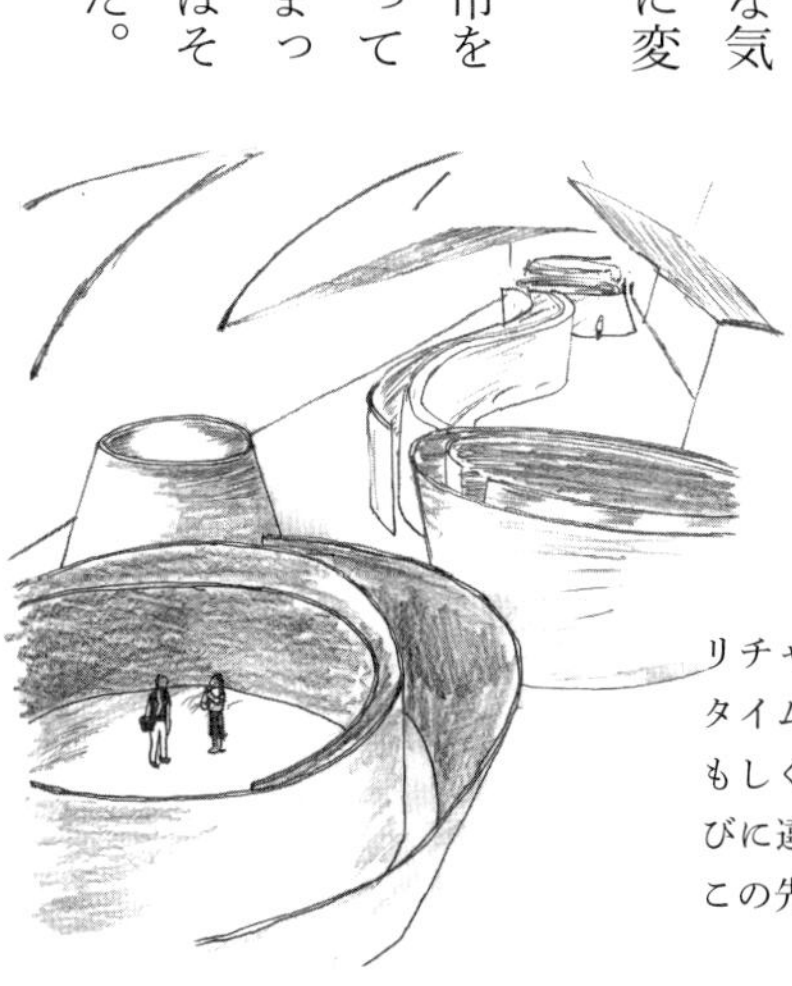

リチャード・セラの彫刻作品ザ・マター・オブ・タイム。彫刻作品というよりももはや一つの建築、もしくは環境そのものと化している作品。歩くたびに違う景色や空間の予感を感じるこの彫刻は、この先の建築の可能性を指し示しているようだ。

ゲーリーがつくり上げたホール空間に足を踏み入れて、静かに自分の想像力を発動し、芸術作品の中に入り込んだ僕は、セラの彫刻建築を体感し、新しい空間の息吹を確かに感じた。ビルバオ・グッゲンハイム美術館はビルバオという土地に根ざし、ここでしか実現することができない環境を建築として昇華しているが、そこで体験した空間や芸術は新しい都市の気配を感じさせるものだった。ビルバオの地元住民にとってはビルバオの未来像、そして世界中から集まった人々にとってはそれぞれが暮らす都市の次の可能性を示すのではないか。

僕は刷新した体と頭のまま、美術館の外に出た。少しお腹も空いてきた。次はビルバオという街の今の姿を見に行ってみよう。

建築が自信を与える街

ビルバオの街の人々に聞くと、とにかく一番盛り上がるのが食べ物についての話である。彼らは口々に「ピンチョス！」と大きな声で叫んだ。ピンチョスとはバスク地方のバルで食べることができるおつまみのことだ。僕が取材した人はみな、最後にはピンチョスの話になり、しかもいつまでも終わらなかった。ここはひとつ、僕もピンチョスを味わうことにしよう。教えてもらったのは「La Viña del Ensanche」というバル。昼間からすごい賑わいだった。バスク名物のスリートと呼ばれる小さなビールを片手に注文したのは、生ハムとフォアグラとポテトと半熟卵が入ったピンチョス。これが本当に美味しく、ついついお代わりしてしまった。

さて、気分転換もしたのでビルバオの街を散策しよう。再生計画のために、ビルバオにはビルバオ・グッゲンハイム美術館だけでなく、街の至るところに現代建築が立ち並んでいる。まずビルバオに降り立ってすぐ味わえるのは、スペインを代表する構造建築家であるサンティアゴ・カラトラバによる『ビルバオ空港(ロイウ空港)』。構造をそのままむき出しにしつつも、生き物のような有機体のような建築になっている。カラトラバはさらに、街中にある浄化されたネルビオン川に架かる『スビスリ橋』も設計している。橋とつながるようにして磯崎新設計の22階建てのツインタワーも完成した。さらに街を歩いていてよく見かけるのが、イギリス人建築家ノーマン・フォスターが手がけた地下鉄の入口だ。こちらはビルバオ・グッゲンハイム美術館ができる前からあり、復興の象徴だと感じている地元の人もいた。

ビルバオ・グッゲンハイム美術館を中心として街は変化を続けていたが、僕は旧市街も楽しんだ。ベランダに飾られた植栽や洗濯物を眺め、狭い路地を歩くだけでも心が躍る。そして、旧市街の建物の隙間から見えるビルバオ・グッゲンハイム美術館の異様な姿もまた刺激的だ。ビルバオという街では、建築がそこに住む人々に自信を与え、それによって街を歩く人々すべてに創造の芽が育っていた。混沌としつつも穏やかな街、そして人々の食への探究心。ビルバオはまさに創造する人間の姿そのものだった。

「エチェバリ」でピンチョスを

ビルバオ・グッゲンハイム美術館をあとにした僕は、ビルバオにある世界遺産『ビスカヤ橋』を訪ねた。1893年に造られた世界最古の運搬橋。船が通り抜けられるように両岸にある背の高い鉄塔をケーブルで結び、そのケーブルからゴンドラが吊り下げられている。車や人はこのゴンドラに乗って川を渡るようになっている。エッフェル塔を設計したギュスターヴ・エッフェルの弟子であるビルバオ出身のアルベルト・パラシオによって設計された。ビルバオではそのほか、1929年に完成した『リベラ市場』というアールデコ様式の建築が今でも使われていたりと、古い建築もまた楽しむことができる。

今度は車に乗ってビルバオを離れ、バスク地方をドライブすることにした。まずは山のほうへと向かう。高速道路を降りて田舎道に入ると、ウルキオラ自然公園の山々が遠くに見え、草原では羊や牛がゆったりと歩いている。しばらく進むと、アチョンドという小さな村に入った。バスク地方の伝統的な家である、石造りのカセリオがぽつぽつと立っている。小さな教会があり、そこが村の中心なのか、隣には石畳の広場があった。そしてこの広場に面して立っている古いカセリオが、僕が目指していたレストラン、「エチェバリ」だ。

自家菜園で育てた野菜を使い、バターやチョリソーもすべて手作りなのだという。水牛を近くで育て、モッツァレラチーズまでつくっているという徹底ぶり。その味を求めて世界中の人々がこの小さな村を訪れるという。僕もそれを味わいたいと思い、立ち寄ってみたが、当然ながらレストランは予約でいっぱい。しかし同じ建物内にバルがあり、ここでピンチョスを頼むことができた。建築もいいが、ビルバオの人々が会うたびに食べることについて話してくれるので、僕もついつい頭に浮かぶのはピンチョスのことばかり。バルには村の人々が集まっていて、人と料理が心地よく穏やかな空間をつくり上げていた。ビルバオ・グッゲンハイム美術館周辺を歩いたときに感じた、空気の中に創造の粒が漂っているような感覚を、ここでも味わうことができた。集まり、一緒に食べるという人間の行為自体が、空間をつくり出していく。この根源的な建築こそが何よりも重要なのだということに、バスクの人々はしっかりと気づいている。ビルバオで都市の再生が実現したのは、まずはこういったバスクの土壌というものがあるからだろう。

ブドウ畑に現れた巨大な金属塊

バスクのお隣、リオハ地方にはフランク・O・ゲーリーが設計した建築がある。腹ごしらえをすませ満足した僕は、村を出てゲーリー建築があるエルシエゴという町へ向かった。町に入ると、見えてきたのは一面のブドウ畑。エルシエゴはスペインでも有数のワインの生産地である。この地方のワインは「リオハ・ワイン」と呼ばれ、古くから最上級ワインとして知られている。エルシエゴにある数多くのワイナリーの中で最も歴史が古いのがマルケス・デ・リスカ

エチェバリ2階のレストランにはその味を求めて世界中から人々が集まるが、1階のバルは地元の人で賑わっていた。村の集会場の役目も果たしているように見えた。

ビルバオ空港。翼を大きく羽ばたかせる鳥をイメージしたデザイン。イメージをただ具現化するだけでなく、緻密に計算された構造そのものとして表現されている。

静かな街並みの中に突然現れるこの奇抜な建築は、なんとバスク保健衛生局という役所である。コル・バロー・アーキテクトスによる設計。ビルバオ・グッゲンハイム美術館の完成以降、街にはランドマークとなるような現代建築が至るところに姿を現している。

ビルバオの地下鉄入口はイギリス人建築家ノーマン・フォスターによって設計された。地下鉄計画はビルバオ・グッゲンハイム美術館が完成する前から行われていたビルバオ再生計画の一つであった。

ル社。ビルバオ・グッゲンハイム美術館の開館を記念するパーティが行われた際に、マルケス・デ・リスカル社が贈った1929年製のワインを飲んだゲーリーはその味に感動し、彼自ら設計を名乗り出たという。こうして5年の歳月をかけ2006年に完成したのが『マルケス・デ・リスカル』だ。

ブドウ畑だけの風景を横目に見ながら車をしばらく走らせていくと、突然巨大な金属の塊が見えてきた。銀色のステンレス、そしてピンクやシャンパンカラーに変色されたチタンが爆発でもしたかのように破裂している。ビルバオ・グッゲンハイム美術館の鱗のような外観とは異なり、こちらは波打つ大きな金属板が無造作にただ重ねられているだけのように感じられる。とても完成された建築とは思えない。車から眺めていると、そこだけ輪郭線が歪んでしまう。まわりを見ると、もちろんのどかな田園風景だ。青空もどこまでも広がっている。しかし、ひとたびゲーリーの建築に目を移すと、途端に視界はぐにゃっと溶けていってしまうのである。いったい、あれが何なのかわからず、しばし混乱してしまう。だが同時に胸躍るような感情も湧いている。僕はふと、小さい頃に自然の中で珍しい虫、それこそ見たこともない虫を見つけたときの感情と似ていると感じた。人間がつくり出したもので、そんな感情にはなかなかなり得ない。ゲーリーの建築は完全に制御されて造られた人工物でありながら、未知の生き物と遭遇したときのような困惑と興奮を味わってしまう。しかも、このマルケス・デ・リスカルはホテルとして使われており、ゲーリー建築に宿泊できる世界でも唯一の施設なのだ。

近づけば近づくほど、車で遠くから眺めていたときとはまるで違う印象を受けた。ひしゃげたような金属の塊は、一歩進むごとに立体的に隆起しはじめ、建物の入口にたどり着いたときには一本の大木が静かに立っているように見えた。上を見上げると、強い風になびいている葉の繁みのように金属板がうねっている。ビルバオ・グッゲンハイム美術館は魚や水の動きを思わせたが、マルケス・デ・リスカルは地面からむくむくと勝手に増殖を続ける植物のイメージである。金属の屋根の下にはこの地域で採れるサンドストーンと呼ばれる石を使った空間が隠れているのだが、まるで人間が造った石造りの建築に金属と化した植物が侵食しているように見えた。各階にある木枠のガラス窓は植物によって斜めに傾き、真っ二つに割れている。それで廃墟になっているわけではなく、人間も植物もその環境の中でどうにか生き抜こうとしている……。そんな気配を感じさせた。そばにいると、見た目よりもずいぶん静かな空間だったが、材料それぞれが生きていて、室内では休むことなくうごめいている。僕はそんなイメージの中に漂っていた。

この建築は当然ながらマルケス・デ・リスカル社のブドウ畑に囲まれている。ブドウの木は熟練した職人たちによって丹念に育てられていた。樹齢が数十年のものも生えていたが、丈は僕の背よりも全然低く、常に人の手が入っていることがわかる。ブドウにとってはとんでもない抑圧のはずである。しかし、それによって良いワインが生まれる。豊かな自然が溢れているばかりの風景に見えるが、実際はここにも人間と植物の格闘がある。もちろんこれは批判すれ

マルケス・デ・リスカル。屋根はステンレス、そして赤ワインとシャンパンの色のように変色されたチタンが意思を持っているかのように揺らいでいる。屋根というよりも建築家の思考する過程がそのまま空間になったようだ。ところどころ破綻しているように見えるが、それが逆にこちらの創造力を刺激してくる。

ばいいということではない。どんな場所にも人間が生きているかぎり、こういった人間と植物の接触が起きるのだ。そして、ゲーリーはそこにこそ躍動する生命力があると感じているのだろう。こんなのどかなところに、なぜわけのわからない形態の建築があるのか。ここを訪れる前の僕はそんなことを考えていた。しかし、マルケス・デ・リスカルに触れ、空間を感じれば感じるほど、またこちらの創造力をつんつんと突いてくる。矛盾を抱えたまま生きる現代の人間の営みを隠すことなく、そのまま、ありのままに具現化してみようという彼の試みはこの地でも開花していた。

サン・セバスティアンへ

マルケス・デ・リスカルをあとにした僕はサン・セバスティアンへ向かった。街に面しているラ・コンチャ湾にはサン・セバスティアン出身の彫刻家、エドゥアルド・チリーダの屋外彫刻作品がある。チリーダの作品はビルバオ・グッゲンハイム美術館でもかなり大きく取り上げられていた。荒れた波が押し寄せる、岩肌がむき出しになった岸壁に、《風の櫛》という名の錆びた鉄の彫刻群が設置されている。僕は彫刻作品よりも先にチリーダのドローイング作品を知り、関心を持っていた。彼は三次元の彫刻になる前の多次元の思考空間に着目していた。《風の櫛》を見ても、彫刻作品自体に目がいくのではなく、不思議と波や風、岩の形や、そしてそれらが織りなす風景自体に体は反応していく。それは僕がバスク人たちの空間認識について考えていたこととも重なる部分がある。あの食べる空間について。そんなことを考えていたら、やっぱりお腹が空いてきた。「ピンチョス！」僕はそう叫ぶと、サン・セバスティアンの夜の街に繰り出していった。

バルを何軒かはしごしながら、この彼らの空間のつくり方についてやはり再考せずにはいられなかった。僕のような新参者が突然店に入ったとしても、自然と親しみを持って集まりに加わることができる。同時にいい距離感があって、そっとしておいてもくれる。無言で見えない心地よい建築が至るところに芽生えているような感じだった。そして、それがバルだけでなく街全体に薫りのように広がっていた。それがバスクの人々の空間のつくり方なのだろう。しかし、その空間は近代建築が生み出されていく中で少しずつ消滅していったのかもしれない。だからこそビルバオはあのような危機に陥ったのだ。しかし、彼らはもう一度、再生するために立ち上がった。それは本来の自分たちの建築のあり方を思い出すことからはじまった。建築が生まれる前に、まずはそこに生きる人間が振る舞いや気遣いでどのような空間をつくり上げるか。これこそ都市の再生に不可欠であり、希望となる、唯一の方法なのではないか。

サン・セバスティアンの狭い石畳の路地には、バルがひしめきあっていた。僕が立ち寄ったお店は「LA CEPA」。ここで食べたアサリご飯が格別だった。

コルビュジエの建築を求めて、フランス縦断の旅

ル・コルビュジエ

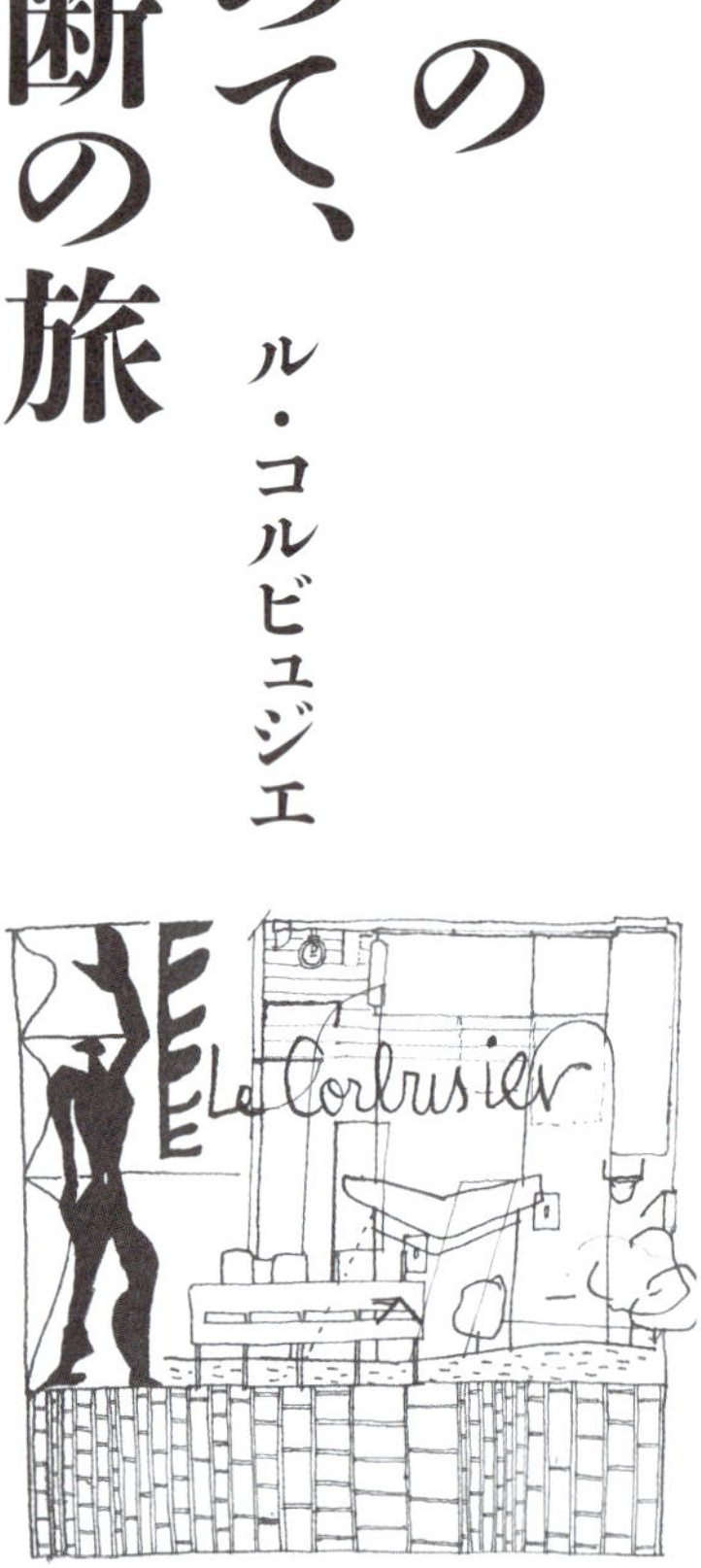

ル・コルビュジエの最高傑作の一つとされるサヴォア邸。彼の思想が高純度で結晶化されている。しかし、そのためか建設直後から雨漏りや湿気、冬の寒さなど住居としては問題が多かったという。

近代建築の祖として広く知られる建築家、ル・コルビュジエ。彼のことをあれこれ思い浮かべることはできるが、その表現方法は多岐にわたっており、なかなかどうしてその正体はよくわからない。一体、彼は何を考えていたのか。そして、彼の思考は今を生きる僕たちに何を投げかけているのか。僕はそれを真正面から感じ取って、考えてみたくなった。まずは、彼の才能が開花したパリへ。ここからル・コルビュジエの創造の爆発がはじまる。

ラ・ロッシュ＝ジャンヌレ邸

パリに到着した僕はバスチーユ地区のホテルに宿泊し、朝食をすませるとさっそくパリ16区の閑静な住宅街へと向かった。門を入って袋小路を歩いていくと、ほぼ当時のまま部品一つ替えられることなく現存しているル・コルビュジエ初期の作品『ラ・ロッシュ＝ジャンヌレ邸』が見えてくる。

外観だけ眺めても1925年に建てられたとは思えない斬新さだ。狭い敷地に建てられた3階建ての二世帯住宅なのだが、不思議と圧迫感はなく、窓からは室内の豊かさが滲みでており、心を躍らせるための装置のようだ。

この建築は、ル・コルビュジエが掲げた新しい建築の5つの原則を初めて実践した住宅でもある。5つの原則とは「ピロティ（1階部分が吹き放ち）・屋上庭園・自由な平面・水平連続窓・自由な立面」のこと。その後のル・コルビュジエ作品にたびたび見られることになるピロティがここで初めて実現した。依頼主はル・コルビュジエの兄で音楽家のアルベール・ジャンヌレと銀行家だったラウル・ラ・ロッシュ。ラ・ロッシュは元々ピカソやブラックなどの絵画のコレクターであり、ル・コルビュジエと同郷であったことから、絵画を展示しつつ、生活するための空間としてル・コルビュジエに設計のすべてを委ねたのだ。だからこそ、入り組んだ敷地でありつつも、ル・コルビュジエは持っている技術をすべて投入し、彼の思考をそのまま建築に置き換えることができた。ル・コルビュジエの変遷の旅は、まずはここからはじめることにしよう。

上に勢いよく延びる外観とは対照的に、玄関を入るとまずは低い天井が見える。そこを抜けると、突然吹き抜けになったホールが現れた。光が至るところから入りこみ、家具も何もないこのホールが、光だけで一つの機能をもった空間と感じられる。天井、壁、そして床のタイルと、それぞれ微妙に違うクリーム色がより室内を膨らみのあるものにしている。しばらくそこでぼうっと佇んでいると、狭い敷地のことを忘れてしまって、雲のようにもくもくと空間が広がっていくように感じられた。彼が絵画で獲得した空間のつくり方が、しっかりと具現化されており、そこに立つものの光の捉え方や風景の見方を一変させる力がある。

家の中は、パブリックスペースとプライベートスペースにきっちりとわかれていて、家具はすべてデザインしているわけではなく、既製品の中から一番適しているものを選び、色を塗り替えたりしている。ル・コルビュジエの試行錯誤がそのままスケッチの跡を見るように体感で

ラ・ロッシュ＝ジャンヌレ邸。100年前の建築とは思えず、昨日建てられたと言われても信じてしまうほどの現代性を感じる。狭い敷地なのに開放的で、間仕切りがなくすべての空間がつながっているのに、プライバシーも保たれている。

上／シャルロット・ペリアンが全面改装を担ったギャラリールーム。手前にある椅子はグラン・コンフォールと呼ばれ、その後つくられることになるル・コルビュジエとペリアン共同設計の家具シリーズの原型。許可をもらい座ってみると、中には羽毛が入っておりふかふかだった。

下／大きな窓の下に小さな玄関がある。初めて試みられたピロティと内部空間がむき出しに見える大窓の効果で、狭い敷地が豊かに感じられる。

きる場所だ。

奥に入っていくと、ギャラリーが見えてくる。すると、この建築はまた違った顔を見せた。室内の配色、光の入り具合、オリジナルの家具が登場してくる。これはどういうことなのか。案内してくれたル・コルビュジエ財団の建築家は竣工当時の写真を見せながら「ここの改修はシャルロット・ペリアンが担当したんです」と言う。ル・コルビュジエは空間のボリュームなどを把握する能力には長けていたが、内装に関してはあまり得意でなかったそうだ。そんなときにル・コルビュジエに師事したのが若かりし女性建築家、シャルロット・ペリアン（１９０３－１９９９）。ペリアンの室内デザインの才能を見出したル・コルビュジエはギャラリーの全面改装に抜擢する。このギャラリーは、その後もさまざまな局面で活躍するペリアンが成長するための実験室となったのだ。

最後は屋上庭園へ。屋上だけ隣のジャンヌレ邸とつながっている。屋上庭園も今では珍しくないが、このように屋上でゆっくりと光を浴び、時間を過ごすことができるようにしたのも当時は珍しいことだったという。

さまざまな初の試みと、改装を重ねながら成長していったラ・ロッシュ＝ジャンヌレ邸。ル・コルビュジエの無限大に広がっていく創造性の原点の一つであるこの建築は、静かでありながら、植物のように今もうごめいていた。

ル・コルビュジエのアトリエ

ラ・ロッシュ＝ジャンヌレ邸から車で少し行くと、今度はル・コルビュジエが住んでいたアトリエを見ることができる。アパートの最上階である。エレベーターで昇り、あとは狭い階段を歩いていく。当時、最上階はお手伝いさんらが暮らす屋根裏部屋だったという。そこをル・コルビュジエは遊び心満載に変えている。

エントランス空間右手の壁は全面扉になっていて、開け放つと、部屋が連続する。閉じると、アトリエ、生活空間、そして、上階にあるゲストルームと3つの要素が生まれる。客船からインスピレーションを得ており、これは後の集合住宅のアイデアへとつながっていく。自宅がそのまま設計のためのスケッチブックになっているようだ。

手造りの痕跡が至るところに見える。それがル・コルビュジエの建築で興味深いところだ。非常によく考え、空間を設計しつつも、取っ手や照明など細部には少し間抜けな要素が入り込んでいる。このアトリエでもリビングの色ガラス窓や船の中のような小さな円形シャワー室、引き出しの中にもそれぞれ別の色が塗られたりとお茶目。隠れるようにしてあるキッチンには反対側からも開けられる食器棚などが取り付けられており、狭さを全く感じないほど機能的だ。これら生活備品の設計を担当したのもペリアンだ。

シャルロット・ペリアン。1903年、パリで生まれる。24歳のときにル・コルビュジエの著作に衝撃を受け、アトリエで働きたいと申し出る。その後、独立するまでの10年間にル・コルビュジエ、ジャンヌレと共同で多くの家具をデザインする。

ル・コルビュジエのアトリエには世界中からさまざまな分野の芸術家たちが集まってきていた。彼はそれを自分の思考を変化させるためのチャンスとして貪欲に受け入れ、活用していった。彼の建築はまさにこの変遷し、移ろっていくところに醍醐味がある。そして、そこには共同設計者であるピエール・ジャンヌレ、その他多くの若い芸術家たちとの共同作業があったことを忘れてはならない。関わった建築家、芸術家たちにも着目すると、分裂しつつも統合しているル・コルビュジエ建築の謎が解けるような気がする。

白の時代

その後、パリ近郊のポワシーへと向かった。新緑が心地よい木立を抜けていくと、突然広がる大きな庭の真ん中に立つ真っ白い四角の箱。これが『サヴォア邸』だ。ル・コルビュジエはラ・ロッシュ＝ジャンヌレ邸で自らの思考をすべて立体化し、その後実作を重ね、このサヴォア邸で一つの頂点に到達する。パリに来てから追求し続けてきたことを、敷地や周囲の環境に制限されることなく実現した作品とも言える。これ以後、ル・コルビュジエは作風をまたがらりと変えていく。「白の時代」と呼ばれる初期作品群の最後の建築でもある。

まずは庭から建物を眺めてみる。細い柱が均等に並んだピロティが全面に広がり、まるで2階の生活空間が宙に浮いているように見える。自然の形から空間をつくり出していったスイス

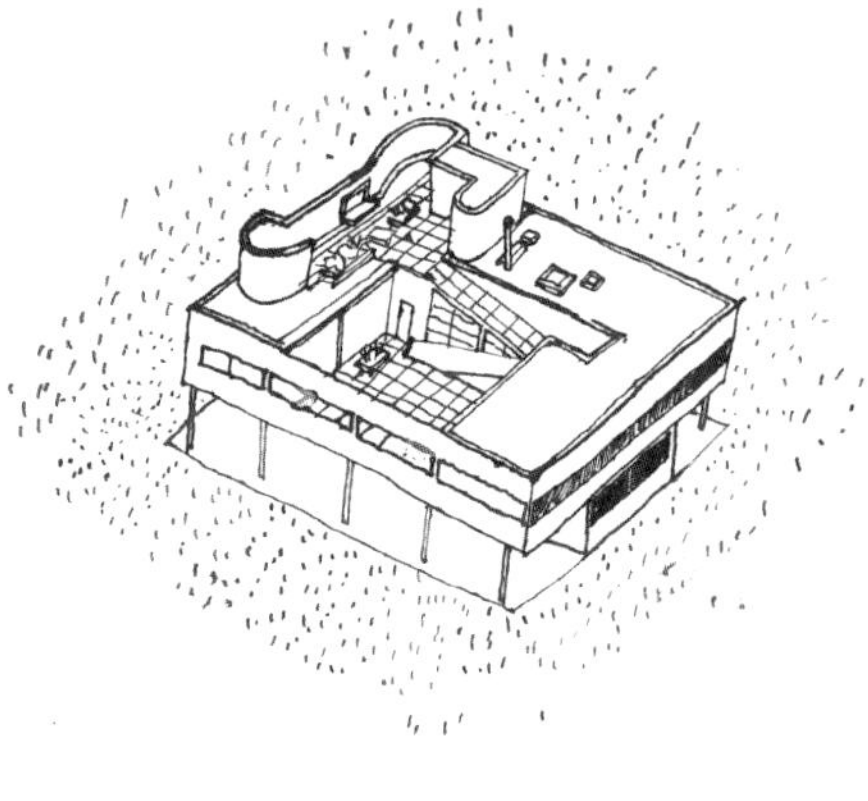

屋上庭園といっても、サヴォア邸は他の作品とは違い、植栽はほとんど目立たず、むしろ外から見えにくい洞窟を造ったように感じる。スロープで屋上に上がると、壁に開けられた穴から突然、庭園の緑が広がった。

サヴォア邸は1928年に設計が開始され、1931年（昭和6年）に完成した。とても昭和初期に建てられたとは思えない。サヴォア邸は近代建築の原点でありながら今も形になっていない未来の建築の姿を表している。

での修業時代の作品からは想像もつかない。人間と自然を完全に切り離している冷たい印象すらある。それでも細い柱は大地とつながっており、どうにか人間が暮らす器を支えているように見える。僕には住宅というよりも山奥の崖沿いに立つ修道院を思い起こさせた。

ピロティの真ん中には緑色に塗られた玄関がある。周囲の植物と混じり合うと雲隠れしているように見えた。一部はガラス窓で覆われているので、玄関が外にあるような錯覚も感じる。ただの無機質な空間ではない。中に入ると、今度は逆に連続する柱がそのまま室内にも入り込んでいるので、まだ外にいるような気がした。家の中なのに、街路の喧騒が聞こえてきそうだ。

この旅に出る前、アラブを旅し、骨董屋が並ぶ古い路地で昼寝をする人たちの室内と室外、プライベートとパブリックな空間を曖昧に越境する生活を見て刺激を受けたのだが、なぜかここに入った途端、そのとき嗅いだ匂いを思い出した。空間を区切るだけの階段よりも、なめらかに繋ぐスロープを多用していることがそう感じさせるのだろう。

2階のリビングルームは大きな中庭と大きなガラスの引き戸で仕切られているが、そこに断絶はない。中庭にもテーブルなどが造り付けられており、一体化しているように感じる。ここが、外から見るとただの真っ白い箱が浮いているように見えていた空間なのだ。まるでまったく別の世界が突然現れたようだ。ル・コルビュジエは建築ではなく「もうひとつの現実」をつくろうと試みていたのではないか。「住宅は住むための機械である」と言い続けたル・コルビュジエの真意を少し肌で感じた気がした。キュビズムに強い影響を受け、それを批判的に発展させたピュリスムという芸術運動を行っていたル・コルビュジエが「自然と調和したよりよい生活」よりも「現実の中にもうひとつ現実をつくり出す」という無謀なことに挑戦していても不思議ではない。その試みが存分に味わえるのがこのサヴォア邸なのだ。

そして、ここでもペリアンが大抜擢されている。寝室やゲストルームでは収納がそのまま仕切り壁になっているので家具がいらない。というよりも壁それ自体が家具として機能している。ペリアンがつくり上げた細部が、もうひとつの現実をつくろうとするル・コルビュジエの抽象的な試みをギリギリのところで住宅に着地させている。

現実の中にもうひとつ新しい現実をつくり出す。僕がパリでのル・コルビュジエ建築の変遷を通じて感じたことはまさにこれだった。そして、サヴォア邸で一つの到達点を極めたあと彼は作風を次々と変え、建築の可能性を拡張していく。そこにはどんな現実が潜んでいるのか。

ラ・トゥーレット修道院

晩年、ル・コルビュジエは二つの宗教建築を手がけている。『ラ・トゥーレット修道院』と『ロンシャンの礼拝堂』。大胆に表現されたこの二つの建築は、どちらもまったく違う作風であり、近代建築の5原則を掲げていたル・コルビュジエはどこへいったのかと驚いてしまう。年を重ねていくに従って、より自由になっていったル・コルビュジエの思考はどんな変遷をたどっていったのか？

パリを出た僕は電車でリヨンへと向かった。旧市街を歩いていると古いが感じのよいレストランを見つけランチを食べた。リヨン風サラダに牛ハラミのステーキ。これが美味しかった。気分がよくなった僕は、そのまま車を借りて、草原が広がるリヨン郊外へ。1時間も経たないうちに、牧歌的な村へと入った。放し飼いの牛が見え、石造りの小さな家が通りに並んでいる。さらに木立を抜けていく。すると、突然、コンクリートの巨大な塊が見えてきた。遺跡のようだ。これが今回の旅の目当ての一つであるラ・トゥーレット修道院だ。外観を見ると、ほとんど地面から離れている。ピロティで持ち上げられているのだ。そのおかげで、草原が整地されることなく続いている。巨大な建築なのだが、どこか木の茂みに似たものを感じる。森の中にもう一つ森があるようだ。

カトリックの修道院ということもあって緊張しながら修道士を待っていたが、現れたジャンさんはものすごく気さくな人で、少しほっとする。ここはドミニコ会の修道院で古くから修道僧の外出を許可する修道会という。当時の責任者がモダニズムにも関心を持っており、ル・コルビュジエに設計の依頼をしたそうだ。無神論者のル・コルビュジエは一度断ったが「90人の住居空間も含んだ宗教建築を」という依頼に関心を持ち、当時スタッフの一人だったヤニス・クセナキスと一緒に現地を訪れる。彼らは森を歩き、すぐに「ここしかない」と山々が見える傾斜地を敷地に選んだ。設計監理を担当したクセナキスは、後に20世紀を代表する現代音楽の作曲家として知られるようになるが、元々は数学と建築を学んでいた。クセナキスは音楽を空間的に表現する方法論をラ・トゥーレット修道院の中で実現していく。

さあ、ジャンさんの明るい声とともにラ・トゥーレット修道院という森の中を歩いてみよう。不思議なことに修道院であるにもかかわらず、人を寄せ付けないかのような壁を感じない。もう何十年も使われてきているはずなのに、歴史の重みよりも軽やかな光のリズムのほうに関心がいく。目を素材のほうに近づけていくと、むき出しのコンクリートにガラス窓が窓枠なしにそのままはめ込まれていて、まるで洞窟の中にいるような気がする。クセナキスは窓ガラスの縦軸で音の高低を、横軸の幅で時間を表現したという。部屋ごとに違う音色の音楽が鳴っているんだ、とジャンさんは笑いながら言った。

院内の通路はシンプルな動線なのかと思ったが、不思議なくらい複雑だった。次々現れる空間はどこも違う場所なのに、同じところを歩いているような気もする。それでも光が変化しているので、森の中で風を感じるように空間はゆらゆらしている。ジャンさんは「中世の修道院と同じ精神がある」と言った。ル・コルビュジエはただ自由にこの修道院を造ったわけではなく、依頼されたときにいくつも見た中世の修道院から多くのインスピレーションを受け、それに応えたはずだ。これらはすべて瞑想するための道なのだ。6階建ての建築なのだが、階を上がるごとに景色ががらりと変わる。光も変わる。それなのに、同じところをぐるぐると回っているような感覚にもおちいる。浮いているような、漂っているようななんとも言えない状態。無神論者である彼は、自らが芸術作品をつくり出すときに感じる、創造の苦しみと喜びをどうにか空間にしたいと思っていたのかもしれない。僕は宙に浮いた建築の中でそんなことを考えながら、地面に触れている教会堂へと廊下を下っていった。

扉を開けると、突然、大きな吹き抜けのシンプルな空間が現れて、天井の隙間や正面にある縦に延びたスリットから差し込む光に包まれた。緊張していた体がリラックスしていくのを感じる。奥には暗闇があり、天井からはクセナキスが設計した「光の大砲」と呼ばれる巨大な円形の穴が開いており、洪水みたいに光が垂れてくる。歩いて空間を体験していくごとに、気持ちが動き、思考回路が変化していくのがわかる。感情がそのまま建築になっている。ラ・トゥーレット修道院は、人間が建築を日々どのように感じているのかを、立体的に肌で理解できるよ

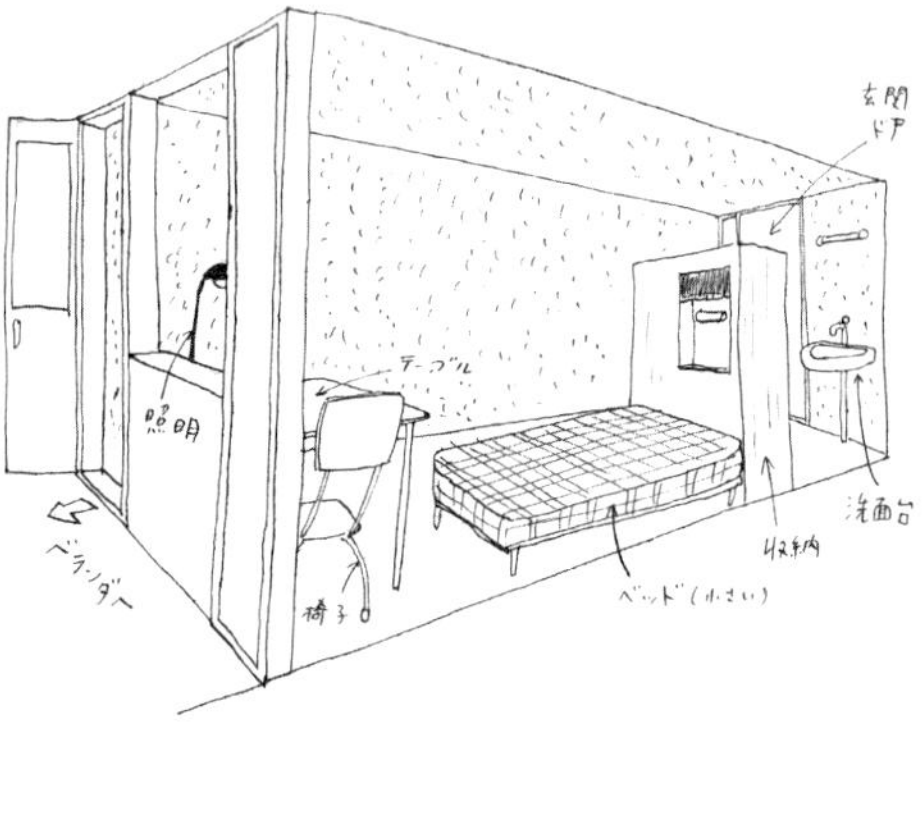

修道僧用の住居スペースに宿泊ができる。極小空間だが色使いや細部が心地よい。

うになっていた。住宅でこんなことを毎日、経験していたら大変だろう。宗教建築だからこそ実現できたのかもしれない。そういう意味でも稀有な建築と言えるだろう。宗派を問わず、あらゆる人々のための修道院となっているのだ。

しかも、ここには宿泊することができる。夕食は質素ではあったが鶏肉とパンに赤ワインまで出てきた。部屋はル・コルビュジエが研究してきた最小限住宅のアイデアが生かされていて、それを肌で感じることができる。部屋の外にはバルコニーがあるのだが、予算が厳しくなっても、このバルコニーだけは残したという。劇的な光の変化もなく、穏やかな時間を一人で過ごすことができた。

ロンシャンの礼拝堂

翌日、修道院で朝食を摂って、車で出発。スイスとの国境近くにあるロンシャンへ。ここにロンシャンの礼拝堂（正式名称はノートルダム・デュ・オー礼拝堂）がある。ラ・トゥーレット修道院の斜面に突き刺さったような印象とはまるで違い、ロンシャンの礼拝堂は丘の上に自然の一部のように立っていた。これがル・コルビュジエが建てた初めての宗教建築になる。

ここには元々、礼拝堂が立っていた。13世紀の建造物が見つかってもいる。この地方の巡礼の最後の到着地点だった。しかし、第二次世界大戦の末期、ナチスの撤退にともない連合軍との激戦の地となり、破壊されてしまう。戦後、人々は礼拝堂を建て直そうと試みる。アラン・

教会堂内部。時の移ろいによって変化するスリットからの光が印象的。

ラ・トゥーレット修道院は丘の上に立っている。できるだけ手を加えないで、地形自体を生かそうと工夫されているので、宇宙船が地表すれすれに浮いているようにも、太古の遺跡のようにも見える。

食堂。人々が集まって食事をする場所なので、窓のリズムも軽快で、窓の外には牧歌的な景色が広がり楽しい。

クチュリエ神父によって、設計者としてル・コルビュジエが推薦されるが、誰も彼のことを知らなかったようだ。ル・コルビュジエ自身もやはり宗教建築には興味がなかったのだが、ロンシャンを訪れ、地形や環境を見て積極的に建築を設計する気になったという。最初のスケッチで、現在の形が完璧に出来上がっていたところにも彼のやる気が見て取れる。しかし、スケッチから建築への移行は予想以上に時間がかかった。それを実現させたのはル・コルビュジエの事務所に在籍していた30歳の建築家アンドレ・メゾニエ、そして近隣の村で大工をしていた22歳のフランソワ・ボナという二人の若い力によるところも大きいという。老境にさしかかり、より自由になっていたル・コルビュジエのヴィジョンと、それをどうにか具現化しようと試行錯誤した若者の共同作業が、ロンシャンの礼拝堂という他に類を見ないユニークな建築を生み出したのである。

それまで写真などでこの建築を見ていたときは、彼のこれまでの思想とはまるで違う、ほとんど彫刻にしか思えないような造形をどうして造ったのかと思っていたが、ロンシャンに到着し、丘を登りながら眺めていると、不思議なことにそれが突飛な建築であるとはまったく思わなかった。蟹の甲羅をイメージして造ったと言われる奇抜な屋根も、景色になじんでおり、僕にはどちらかというと山並みから逸脱しないようにと自然の形から導き出したように見えた。山肌を削ってつくった礼拝堂のように感じられたのだ。

しかし、丘を登り切り、建築の前に立つと、また建築の顔が変わった。稜線に見えていた大きなコンクリートの屋根が今度は洞窟のようにせり出してきた。下には屋外でも礼拝ができるようにと祭壇が置かれていた。元々、巡礼者のための礼拝堂であり、毎日誰かがやってくる。1人だけのときもあれば、年に一度は1000人ほどの人が集まり、この屋外礼拝堂でミサを行うときもあるという。礼拝堂の素材には壊された13世紀の建築の石も再利用されていた。それは戦争でこの村に住む人々の多くが亡くなったことが理由の一つでもある。礼拝堂横には瓦礫で造ったピラミッド型の鎮魂碑もあった。曲線を多用した壁に当たる光は、直線の壁と違って急に途切れることがなく、ゆっくりと変化していく。小さい礼拝堂でありながら、ル・コルビュジエは変化に富んだ壁をうまく活用することで、時間までも空間として感じられるようにした。

礼拝堂の中に入ると、はじめは薄暗さを感じる。僕はベンチに座り、しばらく待った。すると、徐々に光が体を揉むように浸透してきた。直接的ではなく、どこかから香ってくるような光だ。降り注ぐような象徴的なものではなく、礼拝堂の中を空気のように漂っている。

そして内側からしか開かない鉄の大きな扉を開けて、僕は再び草原に出てロンシャンの古い町並みを眺めた。ル・コルビュジエの脳みその旅から現実に還ってきたような感覚になった。

ラ・トゥーレット修道院とロンシャンの礼拝堂。無神論者だったル・コルビュジエだったからこそ、象徴的な表現になることなく、かつ、ここを必要とする人々の思いが強かったからこそ、彼はできるだけ依頼主たちの声に耳を傾けた。その結果、二つの宗教建築は、建築家の自

上／ロンシャンの礼拝堂。この建築は、外側の空間も礼拝堂として活用できるように設計されている。1000人以上が集まって外でミサを行うこともあるという。

下／教会の窓は一つひとつ形が異なり、粗削りで、まるで天然の洞窟に入ったような感覚になる。

我が突出するのではなく、葛藤が形となっている。建築の形を補うための光と音楽が満ちていた。

直線の白い箱からはじまったル・コルビュジエの建築の旅は、より人間臭く拡張していった。いったい、ル・コルビュジエはどうなっていくのか。そして、いよいよ僕は彼が最後の時を過ごした南仏カップ・マルタンへと向かった。

カップ・マルタンの休暇小屋

南仏のカップ・マルタンという小さな町の海辺にひっそりと小屋が立っている。これがル・コルビュジエの終《つい》の住み処となった『カップ・マルタンの休暇小屋』だ。設計はもちろんル・コルビュジエ自身によるものだが、その形はこれまで訪ねてきたル・コルビュジエのどの建築とも似ていない。率直に言うと、素朴で簡素なただの小屋である。しかし、ル・コルビュジエは「ここ以上に過ごしやすい空間はない」と、この小屋をたいそう気に入り、暇を見つけては訪れ、リラックスしたり新しい発想を練ったりした。晩年の変幻自在なル・コルビュジエの創造はここで生まれた。そこにはどんな秘密が隠されているのか？

車で南へと向かっていると、地中海が見えてきた。モナコを通り過ぎ、僕はマントンというイタリア国境近くの町のホテルにチェックインをした。ロビーにはジャン・コクトーが描いた音楽祭のポスターが貼られ、窓の向こうには真っ青な海が広がっている。近くの大衆食堂「ピカデリー」でオムレツや魚を食べることに。南仏に来たらロゼワインだと店主に言われ、飲んでみたら本当に美味だった。バカンス客だけではないのだろうが、町を歩く人々はみなゆっくりと時間を味わっているように見える。ル・コルビュジエもそうやって妻・イヴォンヌと一緒に休暇を取っていたのだろう。食事を終えると僕はさっそく、彼の休暇小屋があるカップ・マルタンへと向かった。

絵の中にいるような町に入っていくと、無人駅が見えてきた。山肌にくっつくように小さな家々が立ち並んでいる。路地を歩くだけでも楽しい。しばらく進むと「プロムナード・ル・コルビュジエ」という小さな看板が見えた。その小道を歩いていくことに。木漏れ日が心地よい。眼下に海が見えてきた。砂浜には水着姿のバカンス客。のどかな風景だが、どこを切り取ってもわくわくする路地の植物や壁や、民家の窓枠が、ピリリと僕を刺激してくる。ル・コルビュジエの建築はもうすでにここからはじまっているのかもしれない。そんなことを思いながら歩いていると、突然、休暇小屋のある「カップ・モデルヌ」の敷地の入口が現れた。気づかないまま通り過ぎていく人もいるのではないかと思われるほどひっそりとしている。扉を開け、木立に囲まれた石の階段を下りていくと、次第に空が見え、海が広がり、海岸線の向こうにモナコの町も姿をあらわした。

階段を下りきると小屋が立っている。外壁は丸太で覆われており、屋根も波板だけで、一見すると、漁師小屋のようだ。ここがル・コルビュジエが亡くなる寸前まで使っていたカップ・マルタンの休暇小屋である。素朴すぎて、本当にル・コルビュジエが設計したものなのかと一瞬疑ってしまいそうだが、細部に目を移すとこれまで訪ねてきたル・コルビュジエの建築群と共通する佇まいを感じる。その感覚は日本で図版を通して感じてきたル・コルビュジエとはまるで違うものだった。

狭い空間に多様な要素がぎっしり詰め込まれているのに窮屈な感じがしない。単純な容積では測りきれない、彼自身の好奇心や創造力の残り香がまだここに残っているからだろう。

カップ・マルタンの休暇小屋の外観。丸太小屋に見えるが、実際は丸太を半分に切って貼り付けているだけの質素なもの。それだけに一歩中に入ると、さらに室内空間が躍っているように感じる。

休暇小屋の内観。造り付けのベッドと、本棚。休暇小屋は妻イヴォンヌのための贈り物だったらしいが、イヴォンヌは「狭い」と言って近くに部屋を借りていたそうだ。

休暇小屋にはル・コルビュジエ特有の水平窓もない。当然ながらピロティも屋上庭園もない。海に面している壁には細長い玄関と小さな窓が二つだけ。幅70センチほどしかない玄関扉を開くと、細い廊下が延びていた。廊下の壁にはル・コルビュジエ自ら描いた絵が全面に広がっている。突き当たりにはキノコ型のちょっと間抜けなコート掛け。僕はパリにある彼のアトリエの引き出しや、サヴォア邸のキッチンなどを思い浮かべた。隅が少しずれていたり、ペンキで雑に塗られていたり、ほとんど日曜大工的な細部なのだが、完全に崩れてはおらず、不思議なバランスで保たれている。ル・コルビュジエのそんな柔らかい特徴が、小さい空間なのに一歩進むごとに感じられて、それ自体が音楽のようだ。かつ、ル・コルビュジエの笑い声もくすっと聞こえてくるかのよう。

室内は8畳ほどの大きさ。天井高は2メートル以下のところもある。それなのに広く感じられるのだ。ワンルームスペースにベッド、書斎、キャビネット、洗面台が詰め込まれているはずなのに、ゆったりと感じる。下部が棚になっているテーブルは多様な用途の可能性を持たせ、小さい窓には折りたたみの鏡が取り付けられていて、外の景色を室内に取り込むことができる。最小限住宅だが、室内の要素は多く、しかもそれらがオーケストラのようにうまく調和していて、空間が膨らんで感じられるのだ。

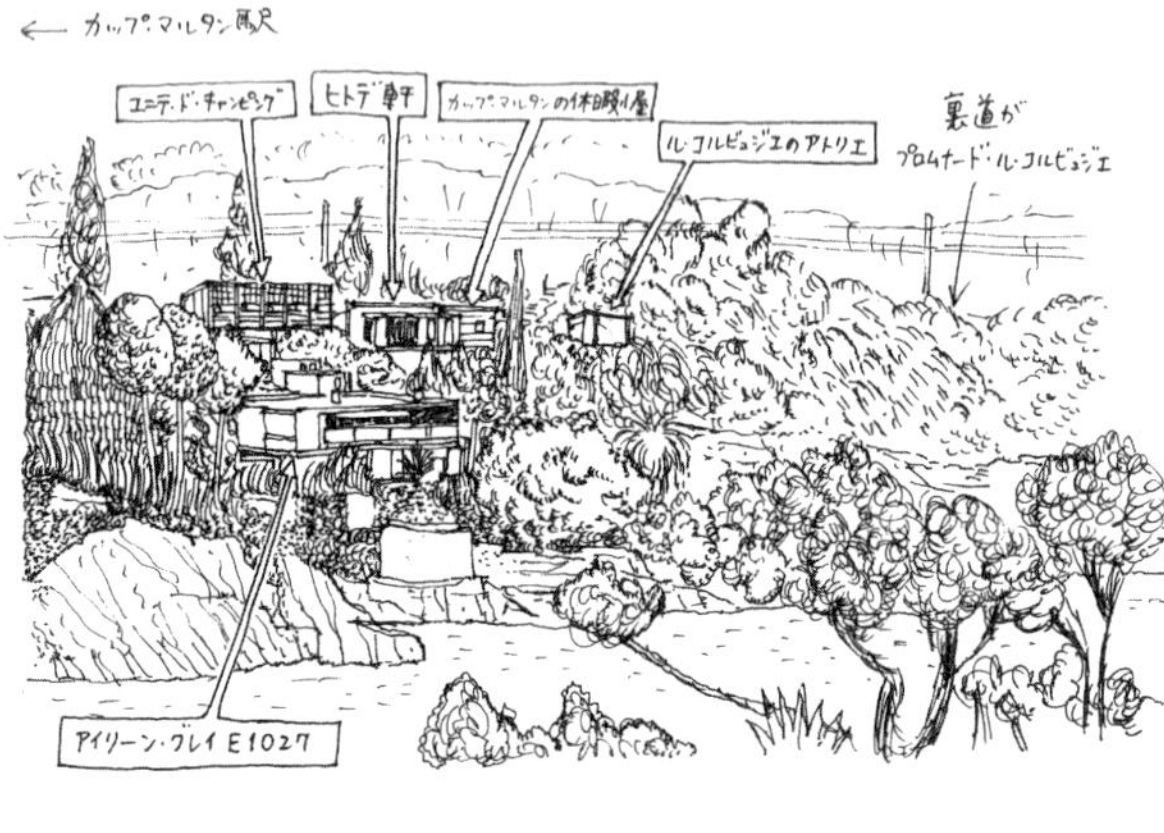

浜辺からカップ・マルタンの岬に立つ、建築群の配置。

それはル・コルビュジエ自ら、自分たちのための空間を思考しながら、暮らしながら設計、建設していったからだろう。依頼される建築とは、そもそも空間のあり方が違うのだ。休暇小屋はル・コルビュジエが設計した一番小さな「自分のための安らぎの空間」であった。そのとき、ル・コルビュジエはわずか3・3メートル角しかない小さな空間であっても、自ら思考しながら造ることで、計算や図面では表せない「見えない空間」が膨らんでいくということを体感したのではないか。晩年、彼はインドでの都市計画、宗教建築など創造の枠を広げていくのだが、仕事が終わると、またこの休暇小屋に戻ってきた。

自分の家は自分で造ったほうが必要な広さもわかるし、しかも出来上がった空間は、寸法では測りきれない豊かさを感じることができる。ひっそりと隠れるように立つこの休暇小屋で、ル・コルビュジエは近代建築の巨匠としてはなかなか大きな声では言えないそんな心地よさを味わっていたのではないか。70年以上も前に建てられた休暇小屋は、そんな視点を持つことで、また新たに息を吹き返す。僕は、建築家ル・コルビュジエが設計した建築としてではなく、人間ル・コルビュジエが自ら味わった空間として小屋の中でしばらくくつろいだ。

ヒトデ軒

休暇小屋に隣接して「ヒトデ軒」という食堂があった。もともとル・コルビュジエはこの食堂に通う客の一人だったそうだ。初めて入ったときオーナーのトマ・ルビュタト氏に「おいしかったら滞在中毎日でも食べる。でも、まずかったらお金を払わないよ」と言ったという。おいしかったため、それ以来通い続けたというわけだ。休暇小屋はこのルビュタト氏の敷地の中に建てられているのである。ル・コルビュジエはここに建てさせてもらったお礼に敷地内にもう一つ、ルビュタト氏のために集合宿泊施設『ユニテ・ド・キャンピング』を設計している。

そもそもなぜル・コルビュジエがこのカップ・マルタンに来るようになったのか？　それには理由がある。休暇小屋ができる以前から、ここにはある建築が立っていたのだ。それがアイリーン・グレイ設計の『Ｅ１０２７』という住宅だ。

コルビュジエが嫉妬した才能

アイリーン・グレイ（１８７８－１９７６）はインテリアデザインの事務所を開き、スチールパイプ製の家具で広く知られるようになる。その後、建築雑誌の編集者であり、ル・コルビュジエの友人でもあったジャン・バドヴィッチというパートナーの支援を受け、初めての建築作品に取り組んだ。こうしてカップ・マルタンに出来上がった住宅がＥ１０２７である。完成したのは１９２９年。サヴォア邸よりも先にル・コルビュジエが打ち出した近代建築の5原則を見事に形にしたことで、建築界に衝撃を与えた。ル・コルビュジエはそれが気に食わない。逆に言うと、その先進的な建築の可能性をすぐに察知したのだろう。友人の別荘ということもあ

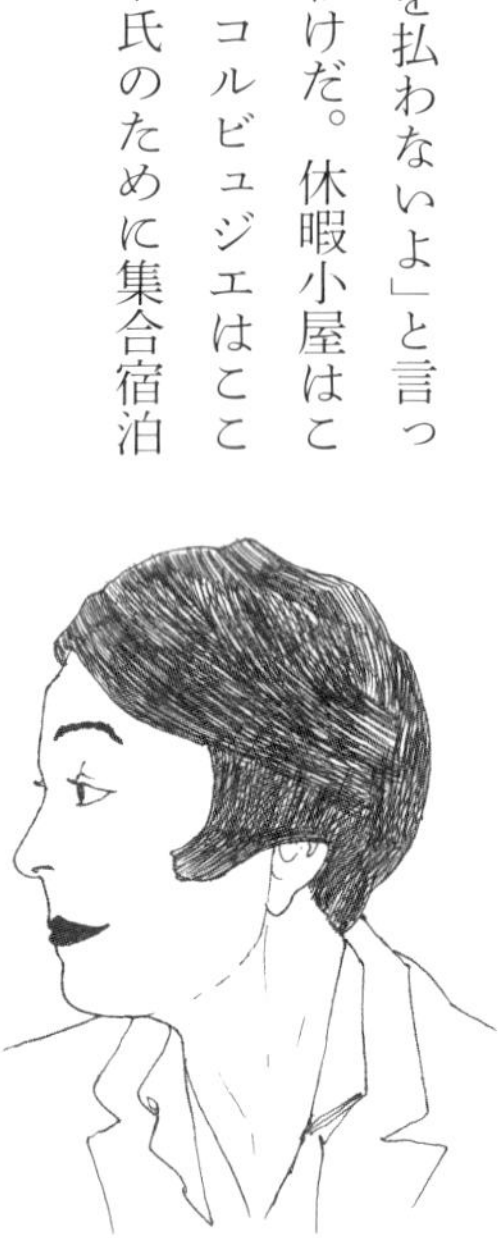

アイリーン・グレイ。アイルランド生まれ。漆工芸からはじめインテリアデザインを手がけるようになる。E1027は建築家デビュー作品。当時は女性というだけで評価されなかったが、近年ようやく彼女の作品が高く評価されるようになった。

上／ E1027 の外観。100 年ほど前に造られたものとは思えないこの住宅は、どこからでも海が見えるように設計されている。

下／ E1027 の内観。床のタイルの色や使い分けで部屋の役割を暗示させている。きめこまかい配慮がちりばめられている。

り、たびたび訪れていたようだ。

そして、ある事件が起きる。ル・コルビュジエは、この別荘に勝手に絵を描いてしまったのだ。自分の思想がうまく具現化されていることが悔しかったのだろうが、なんとも子どもじみている。それでル・コルビュジエはグレイから絶交される。行き場がなくなった彼にヒトデ軒のルビュタト氏が声をかけてくれたおかげで、休暇小屋が生まれたのだ。E１０２７はその後、グレイも去り、放置され、一時は廃墟と化していたが、２０１６年完全修復され一般公開されることになった。今ではその先見性が再評価されはじめている。

E１０２７の中に入ってみよう。ル・コルビュジエが嫉妬したのも理解ができるほど、細部に手が行き届いている。設計する上で頭を悩ますために通常は隠すことが多い水回りを外に向けて開け放っていて心地よい。家主がいなくても、誰でも滞在を楽しめるようにそれぞれの家具には名前がレタリングされていたり、すべての部屋が海へのテラスを持っていたりとていねいな配慮がなされていた。１００年近くたった今でも最先端にしか見えないバスやトイレ、電気の配線すら綺麗な模様に見えてくる。住む人、使う人の視点があり、しかもただ使いやすいだけでなく、創造的に生きるための鍵が至るところに仕掛けられているのだ。

だからこそ、ル・コルビュジエはここに戻ってくる必要があった。彼はアイリーン・グレイが示していた近代建築の先の住まいのあり方をどうにか乗り越えようとしたのではないか。休暇小屋はそんな彼なりの答えなのだろう。１９６５年、ル・コルビュジエは休暇小屋の前に広がる海で海水浴中に心臓発作で亡くなる。享年77歳。どんなに巨大な建築物を造ったとしても人間はささやかな食卓で食事をし、小さなベッドで眠りにつく。彼の最後の思索はそこへ向かっていったのではないか。カップ・マルタンという南仏の小さな町には、そんな未来の住まいの可能性を探った二つの開かれた建築がいまもひっそりと佇んでいる。

ヒトデ軒で食事をするル・コルビュジエ。
カップ・マルタンでの休暇を撮影した彼の写真には裸の姿が多く見られる。
海で泳いでは、ここで食事をしていたのだろう。カップ・マルタンは彼が身も心も裸のままでいられる最高の安息の場だった。

坂口恭平 Kyohei Sakaguchi

1978年熊本県生まれ。2001年、早稲田大学理工学部建築学科を卒業。作家、画家、音楽家、建築家など多彩な活動を行う。

2004年に路上生活者の家を収めた写真集『0円ハウス』（リトルモア）を刊行。著作に『ゼロから始める都市型狩猟採集生活』（太田出版）、『TOKYO 0円ハウス 0円生活』（河出書房新社）、『独立国家のつくりかた』（講談社）、『モバイルハウス 三万円で家をつくる』（集英社）、『家族の哲学』（毎日新聞出版）、『幻年時代』（幻冬舎）、『まとまらない人』（リトルモア）、『自分の薬をつくる』『中学生のためのテストの段取り講座』（晶文社）、『躁鬱大学』（新潮社）、『土になる』（文藝春秋）、『継続するコツ』（祥伝社）など。近著に『生きのびるための事務』（マガジンハウス）、『その日暮らし』（palmbooks）、『自己否定をやめるための100日間ドリル』（アノニマ・スタジオ）がある。

ほか画集『Pastel』『Water』（左右社）や料理書『cook』（晶文社）など多数。

2023年2月には熊本市現代美術館にて個展「坂口恭平日記」を開催した。

2012年から、死にたい人であれば誰でもかけることができる電話サービス「いのっちの電話」を自身の携帯電話（090-8106-4666）で続けている。

石塚元太良 Gentaro Ishizuka

1977年、東京生まれ。

2004年に日本写真家協会賞新人賞を受賞し、その後2011年文化庁在外芸術家派遣員に選ばれる。初期の作品では、ドキュメンタリーとアートを横断するような手法を用い、その集大成ともいえる写真集『PIPELINE ICELAND/ALASKA』（講談社刊）で2014年度東川写真新人作家賞を受賞。また、2016年にSteidl Book Award Japanでグランプリを受賞し、写真集『GOLD RUSH ALASKA』がドイツのSteidl社から出版される予定。2019年には、ポーラ美術館で開催された「シンコペーション：世紀の巨匠たちと現代アート」展で、セザンヌやマグリットなどの近代絵画と比較するように配置されたインスタレーションで話題を呼んだ。2022年国立新美術館で行われた「Domani: 明日展」でメインビジュアルを担当。近年は、暗室で露光した印画紙を用いた立体作品や、多層に印画紙を編み込んだモザイク状の作品など、写真が平易な情報のみに終始してしまうSNS時代に写真表現の空間性の再解釈を試みている。2025年奈良市立写真美術館にて個展が開催予定。

GOTO AKI

1972年生まれ。

1993〜94年の世界一周の旅から今日まで56カ国を巡る。株式会社丸紅にて天然ガスのパイプライン輸送ビジネスに携わった後、東京綜合写真専門学校写真芸術第二学科へ入学。鈴木清氏、小林のりお氏に学ぶ。日本の自然風景をモチーフに地球生命の胎動を捉える創作を続ける。個展「LAND ESCAPES」、「LAND ESCAPES FACE」、「terra」等開催。同名写真集など、著書多数。2020年、写真展・写真集「terra」で日本写真協会賞新人賞を受賞。日本大学芸術学部准教授。

初出 ……………ANA機内誌『翼の王国』2010年3月～2020年9月
カバー写真 … フィリップ・ジョンソンの『書斎』

p.10, 15 ……… Bauhaus-Universität Weimar
p.18 …………… Freundeskreis der Bauhaus- Universität Weimar e. V.
p.22下 ………… ©Stiftung Bauhaus Dessau
p.38上 ………… ©Staatliche Museen zu Berlin, Neue Nationalgalerie, 2013
p.243上 ……… ©FLC/ADAGP, Paris & JASPAR, Tokyo, 2016 C1143

BAUをめぐる冒険

2025年1月1日　第一刷発行

著者　坂口恭平
写真　石塚元太良、GOTO AKI（pp.42-57）
編集協力　渡邊卓郎

発行者　小柳学
発行所　株式会社左右社
〒151-0051　東京都渋谷区千駄ヶ谷3-55-12 ヴィラパルテノンB1
TEL 03-5786-6030　FAX 03-5786-6032
https://sayusha.com

デザイン　アリヤマデザインストア
印刷　株式会社シナノパブリッシングプレス

2025 Printed in Japan　ISBN978-4-86528-447-8